LA GLORIA DEL CIELO

LA GLORIA DEL CIELO

LA VERDAD ACERCA DEL CIELO, LOS ÁNGELES Y LA VIDA ETERNA

JOHN MACARTHUR

EDITORIAL PORTAVOZ

La misión de *Editorial Portavoz* consiste en proporcionar productos de calidad —con integridad y excelencia—, desde una perspectiva bíblica y confiable, que animen a las personas a conocer y servir a Jesucristo.

Título del original: *The Glory of Heaven* por John F. MacArthur.

Traducción: David Cáceres González

EDITORIAL PORTAVOZ
2450 Oak Industrial Dr. NE
Grand Rapids, Michigan 49505 USA

Visítenos en: www.portavoz.com

ISBN 978-0-8254-5812-5

1 2 3 4 5 edición / año 25 24 23 22 21 20 19 18

Impreso en los Estados Unidos de América
Printed in the United States of America

AGRADECIMIENTO

Quisiera expresar mi gratitud a Phil Johnson por la labor realizada en los últimos quince años para que pudiera cumplir con los plazos de entrega de las editoriales. Sin embargo, el presente libro está dedicado a la maravillosa esposa de Phil, Darlene, y a sus hijos, Jeremiah, Jedidiah y Jonathan, quienes han soportado fielmente las largas jornadas de Phil, su trabajo a altas horas de la noche y los períodos de falta de atención a medida que se aproximaban los plazos de entrega.

CONTENIDO

INTRODUCCIÓN

¡Cielo! La palabra misma ya es sinónimo de belleza, bienestar, paz, satisfacción y deleite. En la lengua se utiliza a menudo para describir algo positivo o maravilloso, como, por ejemplo, al decirle alguien «estás hecho un cielo» o decir de algo que «viene como bajado (o llovido) del cielo». Incluso tenemos un postre al que llamamos «tocinillo del cielo».

Pero el cielo es mucho más que un simple uso lingüístico. Es un *lugar*, un lugar real al que van a parar los hijos de Dios cuando mueren. Es la casa de Dios, y la Biblia nos da fascinantes pruebas del esplendor de su gloria.

De hecho, la Biblia está llena de detalles sobre el cielo. Es como si Dios hubiese desvelado parte del misterio que rodea al cielo para que nosotros podamos entreverlo y anhelarlo.

Sin embargo, dado que la naturaleza humana se ha contaminado como consecuencia del pecado, quienes se abandonen a sus propios instintos corromperán inevitablemente *toda* verdad espiritual. El cielo, los ángeles y la vida eterna no son una excepción a esa regla. Las personas que no tienen una perspectiva bíblica siempre piensan de una manera errónea sobre las cosas del cielo. Bien se desentienden del reino celestial en su conjunto y escogen vivir en este mundo finito o bien se dejan llevar por fantasías sobre el mundo espiritual hasta tal punto que pierden de vista la verdad.

Miremos donde miremos nos daremos cuenta de que esta es la realidad. Por ejemplo, si vas a una librería secular encontrarás estanterías y estanterías llenas de libros que reflejan la inclinación del hombre hacia el materialismo: manuales sobre cómo tener «éxito», un *éxito* que vendrá inevitablemente definido según criterios temporales. Lo último que le preocupa a este modo de pensar es el cielo.

Mira a tu alrededor y verás, además, otras muchas estanterías repletas de libros que reflejan la enfermiza y ocultista obsesión por el cielo, los ángeles y el mundo espiritual. Este tipo de libros se han puesto muy de moda debido a la influencia del movimiento de la nueva era. La mayoría de ellos son místicos, extrabíblicos y a veces hasta demoníacos.

Sinceramente, los dos enfoques son igual de dañinos espiritualmente hablando. Cualquiera de los dos hará que la gente se aleje de la verdad y de las Escrituras y se aproxime a la esclavitud espiritual. Ya se trate de la orientación materialista o de la ocultista, lo cierto es que ambas esclavizan por un igual. Y, como consecuencia, millones y millones de personas no llegan a conocer el verdadero cielo y perecen en el infierno.

Como cristianos, deberíamos luchar contra esas tendencias «derribando argumentos y toda altivez que se levanta contra el conocimiento de Dios, y llevando cautivo todo pensamiento a la obediencia a Cristo» (2 Co. 10:5). Deberíamos rebatir cualquier corrupción de la verdad mediante la sabiduría bíblica. Después de todo, la Biblia es la única fuente que presenta el cielo y el mundo espiritual de una manera en que podemos confiar (1 Co. 2:9-10). Por desgracia, la mayoría de las veces la iglesia no hace más que seguir las modas pasajeras de este mundo.

Podrás comprobarlo si te acercas a la típica librería cristiana. Encontrarás estante tras estante lleno de prácticos «manuales para obtener éxito» que se limitan a dar los mismos consejos que los libros seculares pero con una terminología cristiana; libros que reducen a Cristo al «mayor hombre de negocios» y necedades por el estilo o que declaran que para hacer que la iglesia crezca se deben seguir las estrategias de márqueting del mundo. Por otro lado, también podrás ver bastantes libros que relatarán encuentros místicos con ángeles y seres espirituales, experiencias previas a la muerte, visiones del «cielo» y otros fenómenos místicos parecidos.

Pero camuflar los valores terrenos en la terminología cristiana no hace que sean menos mundanos. Y las experiencias místicas no dejan de ser ocultistas por adornarlas con imágenes cristianas. El materialismo y el espiritualismo «evangélicos» son igual de mortíferos que sus homólogos seculares; y puede que hasta más, porque vienen disfrazados de palabras bíblicas.

Pero no son sólo las preocupaciones que he mencionado las que me han motivado a escribir este libro. Hace tiempo que me preocupa el creciente desinterés por el cielo entre los cristianos. Hablando con franqueza, los cristianos de algunos países viven tan bien aquí que no saben lo que es anhelar el cielo. El Señor los ha bendecido con muchas comodidades aquí en la tierra, más que a cualquier generación anterior. Existe el peligro de que lleguemos a estar tan cómodos en la tierra que nos olvidemos de que no somos más que extranjeros y peregrinos en este mundo. Como Abraham, debemos considerarnos vagabundos en este mundo, a la espera de entrar en la ciudad eterna cuyo constructor y hacedor es Dios (He. 11:10).

Los creyentes de otras culturas que no tienen esa abundancia y esas comodidades suelen pensar más en el cielo porque representa la promesa de una vida muy diferente a la que llevan aquí.

Recientemente, en un viaje a una ciudad aislada del sur de Siberia, en la falda norte del Tíbet, me encontré con mil quinientos empobrecidos cristianos que habían sufrido enormemente durante los tres cuartos de siglo de opresión rusa. Eran hijos de exiliados, no tenían medios económicos y trabajaban duro todos los días para poder tener comida. Querían que les explicase cosas de la Biblia, y el tema de estudio sobre el que más ansiaban escuchar era sobre la gloria futura que les esperaba en el cielo. Tuve el privilegio de enseñarles durante algunas horas, y muchos de entre ellos lloraban de gozo.

¡Qué diferente sería la respuesta en una cultura con más comodidades! A menudo me encuentro con cristianos que viven como si el cielo fuese a ser un estorbo en su apretada agenda, una interrupción en las metas profesionales o en los preparativos para irse de vacaciones.

¿Te has fijado alguna vez en que los himnos que tratan del cielo suelen ser los espirituales y otras canciones antiguas como por ejemplo «El mundo no es mi hogar», «Hasta que llegue el día» y «El cielo es un lugar maravilloso»? Hoy en día casi nadie escribe himnos sobre el cielo. La mayoría de nosotros no anhelamos el cielo como lo hicieron nuestros antepasados. Preferimos estar en este mundo.

No podemos permitirnos pensar en el cielo como algo anticuado. Nada hay *más actual*. Si usted es creyente, el cielo *será* su hogar futuro, por toda la eternidad. Allí todas las cosas serán nuevas. Por ello, la palabra «anticuado» en referencia al cielo difícilmente podría ir más errada.

Debemos conocer mejor la gloria del cielo. Tenemos que aprender a dirigir nuestro cariño hacia las cosas celestiales, como se nos exhorta a hacer en las Escrituras. Como creyentes, debemos comprender que lo que Dios está haciendo en nuestras vidas, incluso aquí en la tierra, lo hace para prepararnos para el cielo, y no para que nos aclimatemos mejor a la vida en este mundo. Tenemos que darnos cuenta, como Abraham, de que «no tenemos aquí ciudad permanente, sino que buscamos la porvenir» (He. 13:14). «Nuestra ciudadanía está en los cielos» (Fil. 3:20). Y nuestro corazón también debería estar allí.

Jesús nos enseñó: «Haceos tesoros en el cielo, donde ni la polilla ni el orín corrompen, donde ladrones no minan ni hurtan» (Mt. 6:20), porque «donde esté vuestro tesoro, allí estará también vuestro corazón» (v. 21). Por supuesto, lo que Jesús quiere no son nuestros *tesoros*, sino nuestros *corazones*. Jesús nos aleccionaba para que dirigiéramos los corazones hacia el cielo, para que anheláramos la gloria celestial y, sobre todo, para que busquemos «las cosas de arriba, donde está Cristo sentado a la diestra de Dios» (Col. 3:1).

El cielo es el dominio *de* Jesús. Allí fue para prepararnos un lugar donde vivir a su lado para siempre. Es esa la verdad que hace del cielo algo tan precioso para un creyente. La eternidad que vivamos allá será una eternidad en la presencia de Cristo, con quien compartiremos de forma personal ricas bendiciones y con quien viviremos para siempre, a la luz de su rostro. Este es el mayor atractivo del cielo para un cristiano que tenga puestas las prioridades en orden. Cristo mismo es la gloria del cielo:

> *La ciudad no tiene necesidad de sol ni de luna que brillen en ella; porque la gloria de Dios la ilumina, y el Cordero es su lumbrera.*
>
> —*Apocalipsis 21:23*

CAPÍTULO
UNO

LA MODA ACTUAL POR EL CIELO

EL RESURGIMIENTO DE LA CREENCIA EN LA VIDA DESPUÉS DE LA MUERTE

En la actualidad hay más gente que habla del cielo, seres angélicos, y vida después de la muerte que en ninguna época que pueda recordar. Numerosos libros sobre el tema del cielo y los ángeles han estado largas temporadas en las posiciones más altas de las listas de ventas. El interés por las cosas del cielo crece más y más. Recientemente recibí un catálogo de una empresa de venta por correo en el que sólo se podían comprar regalos «angélicos»; estaba especializada en productos de papelería, joyas, figuras de porcelana y otros regalos con figuras de ángeles. Todos los medios de comunicación, desde programas de televisión sensacionalistas hasta las películas de Hollywood, pasando por las canciones en boga se están empleando para explotar esta moda de los ángeles y la vida después de la muerte.

En el momento que escribo este párrafo hay más de cien libros sobre los ángeles en imprenta. La cadena NBC emitió recientemente un programa especial que obtuvo un gran éxito llamado *Ángeles: los misteriosos mensajeros*, seguido por *Ángeles II: más allá de la luz*. Del programa se escribió un libro que inició una tendencia que ha propiciado que algunos editores seculares dediquen colecciones editoriales enteras a esta «angelomanía». También es posible que quienes naveguen por la «superautopista de la información» se topen con ángeles en el camino; un estudio realizado en la World Wide Web reveló la existencia de decenas de direcciones dedicadas a los ángeles, en muchas de las cuales se explicaban dramáticas experiencias personales sobre supuestas visitas de ángeles.

Al mismo tiempo, también se ha levantado una expectación sin precedentes por la vida después de la muerte. Se habla del tema desde que el libro de la doctora Elisabeth Kubler-Ross *On Death and Dying* [De la muerte y el morirse] subiera al número uno de las listas de ventas en 1970. Kubler-Ross explicaba en su libro la historia de varias personas que, al parecer, habían sido literalmente rescatadas de la muerte: la mayoría resucitadas en el quirófano gracias a los doctores o por profesionales de la sanidad en la escena misma del accidente. Muchos de ellos tenían fascinantes historias que contar sobre lo que supuestamente habían visto y experimentado en el «otro lado». La doctora Kubler-Ross admitió que el estudio realizado sobre el fenómeno le había hecho cambiar de postura sobre la vida tras la muerte. Comenzó el estudio desde un punto de vista racionalista escéptico, creyendo que después de la muerte no venía más que el olvido. Sin embargo, el estudio de las experiencias cercanas a la muerte de la gente le hizo creer, según ella, en lo sobrenatural.[1]

Otra de las principales autoridades en la materia durante los últimos veinte años ha sido Raymond A. Moody. Su libro publicado en 1975 y titulado *Life After Life* [La vida después de la vida] fue todo un best-séller. A este primer libro le siguió dos años después un segundo titulado *Reflections on Life After Life* [Reflexiones sobre la vida después de la vida]; *The Light Beyond* [La luz que está más allá] se publicó en 1989, *Coming Back* [El regreso] en 1990 y la última de sus obras es *Reunions: Visionary Encounters with Departed Loved Ones* [Reuniones: encuentros visionarios con seres queridos fallecidos] (1993).[2]

ATRAÍDOS POR EL LADO OSCURO

Puede que alguien se sienta tentado a pensar que todo esto es positivo después de tanto tiempo de incredulidad racionalista. Pero, por desgracia, no es ese precisamente el caso. Aceptar la existencia de lo sobrenatural no es lo mismo que creer la verdad sobre ello. Además, cuando un incrédulo acepta la existencia del mundo sobrenatural, los resultados suelen ser a menudo catastróficos. Elisabeth Kubler-Ross y Raymond A. Moody son la prueba viva de este principio. Los dos empezaron a investigar las experiencias cercanas a la muerte desde un punto de vista científico puramente racionalista, con el convencimiento de que debe haber alguna razón perfectamente lógica y natural para explicar las extrañas sensaciones narradas por las personas que estuvieron a punto de morir. Y los dos dejaron a un lado su escepticismo por una creencia potencialmente más dañina.

Kubler-Ross y Moody se han pasado ahora al mundo del ocultismo. Tras estudiar las experiencias cercanas a la muerte de otras personas, Kubler-Ross dijo haber experimentado una increíble proyección astral durante la cual viajó a la velocidad de la luz. También empezó a asistir a sesiones para contactar con los muertos. Por último, acabó adhiriéndose a una extraña secta liderada por Jay Barham, quien decía tener el poder de hacer que los espíritus se materializasen para tener relaciones sexuales con los vivos.[3] En la actualidad, la doctora Kubler-Ross es uno de los principales gurús del movimiento de la nueva era.

Las incursiones de Raymond Moody en el mundo de lo sobrenatural también han adquirido un tono siniestro. Sus últimos libros le dan mil vueltas a la necromancia ocultista clásica. En ellos se muestra a favor de consultar bolas de cristal y enseña cómo construir «cámaras de aparición», unas habitaciones especiales llenas de espejos en las que, según él, es posible comunicarse con los espíritus de los seres queridos. Moody tiene una de esas habitaciones en su propia casa y se alardea de haber hablado en ella con su abuela fallecida.[4]

Desde luego, los cristianos evangélicos que acepten que la Biblia es la Palabra de Dios deberían considerar esta nueva tendencia hacia creer en el mundo de más allá de la muerte más bien como una bendición a medias. Aunque nos sintamos animados por el hecho de que el racionalismo incrédulo no haya conquistado del todo la fe, deberíamos estar profundamente preocupados por un fenómeno que parece conducir a la gente hacia el ocultismo, las corrientes filosóficas de la nueva era y la superstición. Y estos son, sin duda, los caminos más transitados por las personas cautivadas por la moda de los ángeles y la vida en el más allá. A causa de la fama que han alcanzado recientemente, tenemos la obligación de analizarla detenidamente como un primer paso para descubrir la verdad sobre el cielo.

SEDUCIDOS POR LA LUZ

El caso más famoso entre las experiencias cercanas a la muerte experimentadas por una sola persona es, con mucho, el descrito en el notable libro de Betty J. Eadie, *Embraced by the Light* [Abrazada por la luz]. Esta obra, escrita hace más de tres años, todavía está en los puestos más altos de las listas de ventas.

Betty J. Eadie narra su «muerte» en la habitación de un hospital en el que se estaba recuperando de una histerectomía en 1973. Sus recuerdos sobre lo sucedido son extraordinariamente vívidos:

> De repente, se me arrancó el espíritu del pecho hacia arriba, como si lo estuviese atrayendo un imán gigante. La primera sensación que tuve fue la de ser libre. No había nada antinatural en lo que experimentaba. Me encontraba sobre la cama, suspendida cerca del techo. La sensación de libertad que tenía era ilimitada y parecía como si hubiese estado así toda la vida. Me giré hacia un lado y vi un cuerpo estirado en la cama. Sentía curiosidad por saber de quién se trataba e inmediatamente me puse a descender hacia el cuerpo. Debido a mi trabajo, conocía bien qué aspecto tiene una persona muerta; me acerqué a la cara y en seguida supe que carecía de vida. Entonces me di cuenta de que era yo misma. El cuerpo que había sobre la cama era el *mío*. No me quedé en un estado de estupefacción ni tuve miedo, simplemente sentía compasión por aquel cuerpo que, ahora que estaba muerto, parecía más joven y más bonito de lo que recordaba.[5]

Eadie continúa con la historia y describe cómo a su lado aparecieron tres hombres con vestiduras que le decían que habían estado a su lado durante «eternidades». Entonces empezó a recordar «una existencia previa a [su] vida en la tierra» y la relación que había tenido con aquellos hombres «anteriormente».[6] Y escribe: «La idea de una vida previa a la vida en la tierra empezó a tomar forma en mis pensamientos, y vi que la muerte se trataba en realidad de un «renacer» a una vida de una comprensión y entendimiento mayores que iban y venían a través del tiempo.»[7]

Llegado ese punto, las experiencias cercanas a la muerte de Eadie parecen contener todas las alusiones típicas de la nueva era sobre reencarnación, proyecciones astrales, telepatía, etc. La autora describe cómo visitó en forma de espíritu su casa y pudo ver a sus hijos e incluso contemplar su futuro.

Sin embargo, la narración toma entonces un giro inesperado:

> Vi una luz minúscula en la lejanía. La oscuridad que me rodeaba empezó a tomar la forma de un túnel y experimenté que viajaba a una velocidad cada vez más vertiginosa hacia la luz. Me sentí instintivamente atraída hacia ella aunque, nuevamente, reconocí que no todo el mundo tenía por qué sentir aquella atracción hacia la luz. A medida que me aproximaba a ella se iba haciendo cada vez más brillante —resplandeciente más allá de lo que se puede describir, mucho más que el sol— y supe que ningún ojo terrestre en su estado natural podría contemplar aquella claridad sin ser destruido.[8]

Posteriormente describe un «resplandor» centelleante y dorado alrededor de un ser. Según ella, aquel ser se acercó a ella con un amor puro e incondicional. «No había la más mínima duda sobre quién era», escribe. «Supe que era mi Salvador, y amigo, y Dios. Era Jesucristo.»[9]

A partir de entonces la incursión celestial de Eadie empieza a explotar la figura de Jesús y lo que, según ella, él le dice. Después asegura que su mente adquirió la capacidad de conocer y entender las cosas, casi como si «recordara» lo que siempre había sabido:

> Comprendí, o más bien *recordé*, su papel como creador de la tierra. Su misión había sido la de venir al mundo a enseñar a amar. Más que conocer era como si lo estuviese recordando; todas estas cosas estaban volviendo a mí desde una época muy anterior a la de mi vida en la tierra, un «velo» de olvido las había apartado de mí expresamente desde que nací.[10]

Da la impresión de que Eadie se alardee de tener, prácticamente, la omnisciencia; eso es exactamente lo que quiere dar a entender. Veamos qué dice: «La palabra "omnisciente" nunca había tenido tanto significado para mí. El conocimiento me impregnaba, se volvía, en cierto sentido, *yo misma*. Me maravillaba la capacidad que tenía de entender los misterios del universo con sólo meditar sobre ellos.»[11]

Por supuesto, Eadie cree haber conservado esta comprensión sobre «los misterios del universo» aún después de haber regresado del cielo, y su libro está lleno de respuestas facilonas a preguntas que dice haber tenido siempre antes de realizar su peregrinación celeste. Así, escribe:

> Quise saber por qué había tantas iglesias en el mundo. ¿Por qué no nos dio Dios una única y pura religión? La respuesta me vino con una absoluta comprensión por mi parte. Cada uno de nosotros, se me dijo, tiene un grado diferente de desarrollo y comprensión espiritual. Todas las religiones de la tierra son necesarias en cuanto que enseñan aquello de lo que la gente tiene necesidad. Las personas que estén en una determinada religión puede que no comprendan totalmente el evangelio de Dios, y, por otro lado, nunca llegarán a hacerlo mientras permanezcan en ella; sin embargo, esa religión habrá servido punto de apoyo, de escalón hacia un mayor conocimiento. Cada iglesia satisface unas necesidades espirituales concretas que posiblemente las demás no puedan satisfacer. Ninguna iglesia puede satisfacer las necesidades de todo el mundo a todos los niveles. A medida que una persona aumenta su grado de conocimiento sobre Dios y su propio progreso eterno es posible que se muestre descontento con las enseñanzas de la iglesia en la que se encuentre y busque una nueva filosofía o religión que le llene ese vacío. Cuando esto ocurre, esa persona ha alcanzado un nivel superior de comprensión que le hará anhelar más conocimiento, más verdad y una nueva oportunidad de crecer.[12]

«Tras haber recibido este conocimiento», concluye Eadie, «comprendí que no tenemos derecho a criticar a las iglesias o religiones en modo alguno.»[13]

A pesar de lo dicho, Eadie también enfatiza que hay algo fuera de lo normal en Cristo: «Sin embargo, de todos los conocimientos no hay ninguno que sea más esencial que conocer a Jesucristo. Se me dijo que Él es la puerta a través de la cual *todos* regresaremos. Es la única puerta que nos permite regresar.[14]

Muchos cristianos han llegado a pensar equivocadamente que Betty Eadie es una creyente verdadera llevados por la terminología cristiana, que tan familiar nos resulta, y por las demás alusiones bíblicas utilizadas en la narración. De punta a punta del país, los embelesados asistentes a sus conferencias han escuchado cómo explicaba una y otra vez su historia, y muchas personas que se llaman a sí mismas cristianas dicen tener el convencimiento de que su experiencia no debería desecharse. Es sorprendente el número de cristianos evangélicos que se preguntan si cabe la posibilidad de que la historia de Eadie sobre el cielo y la vida después de la muerte sea una explicación verdadera y fiable de lo que, como cristianos, nos espera en el más allá.

Y la respuesta es no. Muchas de las teorías de Eadie contradicen las Escrituras, como en seguida veremos. Además, aunque no lo revele en su libro, Eadie es mormona. Algunas de las verdades que dice haber aprendido en el cielo tienen un misterioso parecido con las doctrinas mormonas. De hecho, y a pesar de su largo discurso sobre la importancia de todas las religiones, Eadie no nos dice en su obra —aunque sí lo hizo a un periodista de Utah— que durante su estancia en el cielo aprendió que la Iglesia de Jesucristo de los Últimos Días (la iglesia de los mormones) es «la más verdadera de las iglesias de la tierra.»[15] En un paquete promocional dirigido a los lectores del estado de Utah, la editorial inicial de Eadie (una editorial indirecta de una casa editora mormona) incluyó folletos de promoción para la primera edición del libro en los que se podía leer: «De gran interés para los miembros de la Iglesia de los Últimos Días»; según los folletos, Eadie se había convertido recientemente al mormonismo.[16]

Sin embargo, Eadie y su editor, después de ver el ritmo de las ventas, le han restado importancia a su adhesión a la iglesia mormona, casi hasta el punto de intentar esconder que se trata de una mormona. En una entrevista mantenida con *The Christian Research Journal* [Revista de investigación cristiana], Eadie se negó a admitir una y otra vez que era mormona.[17]

No obstante, la doctrina de Eadie no coincide exactamente con la mormona. Es una curiosa mezcla de mormonismo y filosofía de la nueva era. Dentro de la misma iglesia mormona se han escuchado controvertidas opiniones acerca de las enseñanzas de Eadie; y los líderes eclesiásticos, si bien complacidos por la buena racha de relaciones públicas que les ha supuesto su libro, ya hace tiempo que han dejado de tratar a Eadie como a una verdadera profetisa.

Sea como fuere, el conjunto de las afirmaciones están claramente en contra de lo que las Escrituras nos enseñan sobre el cielo y la vida después de la muerte.

CUIDADO CON LOS ÁNGELES ENGAÑADORES

Las Escrituras nos advierten abiertamente sobre los emisarios de Satanás que se nos muestran como ángeles de luz (2 Co. 11:13-15). Las falsas doctrinas más influyentes y que mayor amenaza han supuesto para la iglesia siempre han sido las que se han disfrazado de ortodoxas y han utilizado el conocido lenguaje bíblico, aunque, eso sí, tergiversándolo. En otras palabras, utilizar el *lenguaje* del cristianismo bíblico no es lo mismo que ser fiel a la Biblia.

Así pues, el que Betty Eadie sea una agradable señora que dice haber tenido encuentros con los ángeles no quita, ni mucho menos, que pueda estar engañada, o que quiera engañar, o ambas cosas. De hecho, la naturaleza de su caso justifica totalmente un examen de sus teorías lo más escrupuloso posible. Eadie declara haber recibido una revelación comprensible de la verdad divina a través del Señor mismo. Su descripción de los acontecimientos es mucho más detallada que las narraciones de la transfiguración que aparecen en Mateo, Marcos y Lucas. Su representación del cielo está a años luz del vago relato del apóstol Pablo sobre su visión del tercer cielo. En caso de ser cierta, la historia de Eadie sobrepasa cualquier revelación escrita sobre el cielo que aparezca en las Escrituras. Más aún, si Betty Eadie está en lo cierto, la teología cristiana en su totalidad debería ser actualizada, ya que implica que nadie ha creído lo correcto en los dos mil años de cristianismo.

Desde luego, es tremendamente importante analizar las teorías de Eadie con el mayor de los cuidados. Eso es lo que hicieron los habitantes de Berea, a quienes el historiador Lucas alabó porque sometían al detallado análisis del Antiguo Testamento hasta los inspirados e infalibles mensajes del apóstol Pablo para ver si «estas cosas eran así» (Hch. 17:11).

Pero si las afirmaciones de Eadie no resultan verdaderas, deberán ser rechazadas y expuestas como lo que en realidad son. El amor verdadero nos exige que actuemos así, para el bien de aquellos que, de no hacerlo, podrían caer en el engaño y en la falsa doctrina.

ATRAÍDOS POR LA OSCURIDAD

¿Qué es lo que dice exactamente Betty Eadie que le fue revelado en el cielo? Algunos de los principios expuestos provienen del mormonismo, otros son enseñanzas sacadas de la nueva era, y, por último, algunos de ellos son simplemente invenciones que nada tienen que ver con la Biblia y que Eadie va introduciendo a medida que avanza en su relato.

Las doctrinas mormonas

Las influencias del mormonismo son claras y evidentes a lo largo de la narración sobre el cielo de Eadie. Estas son algunas de las principales doctrinas de los mormones que aparecen en el libro:

LA PREEXISTENCIA DE ESPÍRITUS HUMANOS. Una de las afirmaciones de Eadie se basa en que todos nosotros hemos tenido una existencia previa en un mundo premortal. Se trata de una de las doctrinas clave del mormonismo, aunque no aparece en ningún lugar de las Escrituras.

Ya hemos mencionado anteriormente que Eadie dice poder recordar el haber tenido algún tipo de relación previa con sus guías —«monjes»— cubiertos de vestiduras durante «eternidades». Veamos qué dice en otro lugar de su obra:

> *Recordé* la creación de la tierra. En ese momento pude sentir como si se estuviese recreando ante mis ojos. Se trataba de algo muy importante. Jesús quería que interiorizase este conocimiento. Quería que supiese qué sensaciones producía el ser testigo de la creación. Y la única manera de hacerlo era viéndolo todo nuevamente y sintiendo lo que ya antes *había sentido*.

Todos nosotros tomamos parte en la creación de la tierra en forma de espíritus en un mundo premortal.[18]

¿Qué dicen las Escrituras de todo esto? En primer lugar, el relato bíblico deja muy claro que la primera de las almas de los humanos no fue creada hasta que no hubo finalizado toda la creación. La Biblia dice que «Jehová Dios formó al hombre del polvo de la tierra, y sopló en su nariz aliento de vida, y fue el hombre un ser viviente» (Gn. 2:7). Adán no fue un ser viviente hasta el final de la creación; así pues, en la narración bíblica no tiene cabida ningún tipo de existencia previa.

De hecho, uno de los argumentos más decisivos en favor de la soberanía de Dios y que Él mismo señaló a Job es que cuando creó el universo Job no estaba presente: «¿Dónde estabas tú cuando yo fundaba la tierra?» (Job 38:4). Job no podía vanagloriarse de haber estado presente en aquel momento. Ni siquiera existía. En ningún lugar de las Escrituras se indica que nuestras almas humanas existiesen antes de nacer; los datos bíblicos demuestran más bien lo contrario (cp. Sal. 51:55). Tan *sólo* Dios creó el universo (Gn. 1:1; Col. 1:17).

DIOSES MÚLTIPLES. El relato de Eadie echa por tierra la doctrina de la Trinidad. Dice la autora en otro lugar: «Seguía todavía meditando sobre las enseñanzas y creencias de mi infancia.»[19] Veamos en qué consisten esas enseñanzas y creencias: «Mi educación protestante me había enseñado que Dios Padre y Jesucristo Hijo eran un mismo ser.»[20]

Sin embargo, la experiencia celeste convenció a Eadie de que las cosas no eran así: «Entendí, con gran sorpresa, que Jesús era *un ser independiente de Dios* y que tenía su propio propósito divino.»[21] Esta afirmación coincide totalmente con la doctrina mormona, pero se opone frontalmente a la Biblia, donde se enseña de la primera a la última página la unidad de la Santísima Trinidad (Dt. 6:4; 1 Co. 8:6; 1 Ti. 2:5; Stg. 2:19). Jesús mismo dijo: «Yo y el Padre uno somos» (Jn. 10:30). No existe posibilidad alguna de que los propósitos del Padre y del Hijo difieran entre sí (Jn. 4:34; 5:30; 8:29).

Es cierto que la Trinidad es un concepto difícil de explicar y de entender; no obstante, las Escrituras enseñan, y todas las principales ramas del cristianismo se han mostrado de acuerdo a lo largo de casi dos mil años, que Dios Padre y Jesucristo Hijo son personas diferenciadas pero *no* seres *ni* dioses independientes. Esta es la inamovible enseñanza de las Escrituras: «Oye, oh Israel: Jehová nuestro Dios, Jehová uno es» (Dt. 6:4).

Deificación del alma humana. Anteriormente ya nos referimos a la declaración de Eadie sobre la omnisciencia por ella experimentada en el cielo. Su afirmación concuerda con la creencia mormona, según la cual todos los creyentes evolucionan hacia la deificación. Eadie escribe en otro pasaje de su libro: «Entendí, con el más puro de los conocimientos, que Dios quiere que nos convirtamos en lo que él es, y que nos ha dotado de características divinas.»[22]

Las Escrituras nos aseguran que en el cielo seremos como Cristo en lo que a santidad se refiere, pero no dicen nada sobre compartir los inaccesibles atributos divinos de la omnipotencia y la omnisciencia. Aun en el cielo, con toda su gloria, seguiremos siendo criaturas de Dios. No alcanzaremos una divinidad propia; ni siquiera tomaremos parte de la de Dios. «Yo Jehová», dice el Señor, «Este es mi nombre; y a otro no daré mi gloria» (Is. 42:8).

La reacción de Eva vista como una acción generosa. Eadie se hace eco de la doctrina mormona que considera la reacción de Eva al comer de la fruta prohibida como algo altruista. Para los mormones, Eva tomó de la fruta voluntariamente, en una especie de autosacrificio gracias al cual podría llegar a tener hijos y avanzar así en el camino hacia la divinidad. De esta manera, la desobediencia de Eva se convierte en algo positivo. Según *el Libro del Mormón*: «Adán cayó para que los hombres existiesen; y los hombres existen para que tengan gozo.»[23]

Eadie se expresa así al relatar lo aprendido cuando, según ella, fue testigo de la recreación del mundo:

> Había podido contemplar las diferencias entre Adán y Eva. Se me mostró que Adán estaba más satisfecho con su condición y que Eva tenía un carácter más inquieto. Se me mostró que Eva deseaba ser madre hasta el punto de no importarle arriesgar su propia vida para poder conseguirlo. Eva no «sucumbió» a la tentación, sino que más bien tomó, conscientemente, la decisión de aportar las condiciones necesarias para su desarrollo personal. Fue su iniciativa lo que hizo que, en última instancia, Adán participase y comiese de la fruta, lo que convirtió a los hombres en seres mortales y sentó las bases necesarias para que pudiésemos procrear y, evidentemente, morir.[24]

La Biblia nos enseña, por el contrario, que Eva fue engañada por Satanás y que la caída fue, sin duda, el resultado del pecado (1 Ti. 2:14; 2 Co. 11:3).

LA POSIBILIDAD DE LA SALVACIÓN DESPUÉS DE LA MUERTE. Uno de los aspectos más conocidos de los mormones es su práctica de bautizar a la gente en lugar de los muertos. Creen que aquellos que mueren sin haber escuchado el evangelio mormón todavía tienen la oportunidad de escucharlo y creer en él después de muertos. Para ellos el bautismo es algo indispensable para obtener la salvación, y por eso bautizan a los muertos «por poderes»; es decir, permiten que algunos mormones se bauticen en lugar de los que han muerto sin ser bautizados por la iglesia mormona.[25]

El libro de Betty Eadie refleja las creencias mormonas acerca de que la muerte no cierra para siempre el destino eterno del alma humana. Los guías de Eadie en el más allá le dijeron

> que es importante que adquiramos conocimientos sobre el espíritu mientras estamos en vida. A mayor conocimiento adquirido en este mundo, más y más rápido podremos progresar en la otra vida. Algunos espíritus son prácticamente prisioneros en esta tierra a causa de nuestra falta de conocimiento o

> capacidad de creer. [Aquí también se pueden apreciar las huellas de la doctrina mormona.] Las personas que mueren siendo ateas o que han sido esclavas del mundo a consecuencia de su avaricia, deseos carnales o de cualquier otro tipo de engaño terrenal tienen dificultades para avanzar y permanecen atados a este mundo. A menudo carecen de la fe y del empuje para alcanzar, y a veces hasta para reconocer, el poder y la luz que conducen a Dios. Estos espíritus se quedan en la tierra hasta que aprenden a aceptar el poder superior que está a su alrededor y dejan de lado el mundo. Cuando me encontraba rodeada por la oscuridad, antes de avanzar hacia la luz, percibí la presencia de estos espíritus rezagados. Permanecen allí todo el tiempo que desean, protegidos por el amor y el calor reinantes, aceptando su influencia curativa; sin embargo, tarde o temprano aprenden a avanzar hacia la mayor seguridad y calor que Dios proporciona.[26]

Por el contrario, las Escrituras dicen que «está establecido para los hombres que mueran una sola vez, y después de esto el juicio» (He. 9:27). La Biblia explica una y otra vez que el juicio de los impíos se basará en cómo hayan obrado en este mundo (Ro. 2:5-6; 2 Co. 11:15).

Las creencias de la nueva era

Así pues, hemos visto que la revelación sobre el «cielo» de Betty Eadie está llena de reminiscencias provenientes del mormonismo. Sin embargo, nuestra autora no es doctrinalmente mormona. Su libro contiene algunas ideas que coinciden más con el misticismo propio del movimiento de la nueva era que con las creencias ortodoxas de la Iglesia de los Santos de los Últimos Días.

El movimiento de la nueva era está formado por un conjunto de variopintas ideas y filosofías que han tomado mucho del hinduismo y del gnosticismo de la época clásica. Las religiones de la nueva era son *panteístas* (creen en la divinidad de la creación además de la del creador), *místicas* (consideran la verdad como algo que se encuentra dentro de cada uno) y *sincretistas* (mezclan o hacen converger concepciones religiosas provenientes de fuentes variadas). También habría que añadir una buena dosis de superstición ocultista a la mayor parte de esta ideología de la nueva era.

Muchas doctrinas de la nueva era son, debido a su naturaleza, bastante compatibles con las del mormonismo. (Por ejemplo, resultan obvios también para el mormonismo los elementos del panteísmo, misticismo, y sincretismo.) Sin embargo, el relato de Betty Eadie se acerca con más libertad al pensamiento de la nueva era de lo que lo haría el mormonismo más tradicional. A continuación analizaremos los elementos de la nueva era que más sobresalen en su libro.

UNIVERSALISMO. Todo el mundo consigue entrar, en última instancia, en el cielo descrito por Betty Eadie. Aunque parezca extraño, la autora combina la rotunda afirmación sobre la exclusividad de Cristo con la universalidad más incondicional. No hace mucho que vimos cómo reconocía a Jesús como la única puerta para acceder a la salvación. Sin embargo, también asegura que a través de esa puerta *todos* entraremos algún día.[27] Su descripción de la vida en el más allá no incluye en ningún momento al infierno. Está bien claro que no considera que nadie vaya a pasar la eternidad allí.

Sin duda, este universalismo se relaciona estrechamente con la alusión anterior a que todas las religiones eran iguales. Según su manera de pensar, no importa cuál sea la religión profesada por una persona mientras esté en la tierra, ya que todo el mundo alcanzará el conocimiento necesario en la otra vida. De modo que los errores religiosos y las falsas doctrinas se consideran problemas que no representan peligro alguno. Este tipo de pensamiento es típico de la nueva era y, efectivamente, difumina cualquier línea divisoria entre la verdad y el error, por lo que le viene como anillo al dedo a Satanás en su propósito de hacer proliferar religiones falsas. De esta manera intenta ofrecer a cada persona algo que le resulte atractivo. No le importa la (falsa) religión en concreto que la gente escoja; no intenta instaurar su propio sistema religioso. Sólo quiere destruir la verdad del cristianismo. A Satanás le importa bien poco qué creamos, siempre que no aceptemos la verdad del evangelio bíblico. Así que todas las falsas religiones forman parte de un mismo bloque con un mismo objetivo: oponerse a la verdad. Ocultismo, mormonismo, religiones de la nueva era, hinduismo y cualquier idea que ataque la verdad bíblica favorecen los intereses del reino de Satanás.

ENERGÍA POSITIVA Y NEGATIVA. Veamos en la siguiente cita hasta qué punto le han influido a Betty Eadie las enseñanzas de la nueva era:

> Dentro de nuestro universo existe energía positiva y negativa; ambos tipos son esenciales para la creación y el crecimiento. Estas energías son inteligentes y se someten a nuestra voluntad, nos sirven con diligencia. Dios domina absolutamente las dos clases de energía. La energía positiva es, en esencia, como la solemos imaginar: luz, bondad, ternura, amor, paciencia, caridad, esperanza, etc. Y la energía negativa es exactamente como pensamos que debe ser: oscuridad, odio, miedo (la herramienta principal de Satanás), crueldad, egoísmo, desesperación, desánimo, etc.
>
> La energía positiva y la negativa actúan de maneras opuestas y, cuando las interiorizamos, se convierten en nuestros sirvientes. La energía positiva atrae lo positivo, y la negativa lo negativo. La luz busca la luz y la oscuridad anhela la oscuridad … Nuestros pensamientos tienen poder; a través de ellos creamos aquello que nos rodea.[28]

Eadie continúa con la misma tónica durante bastantes páginas más, recitando letanías que bien podrían pasar por el credo del movimiento de la nueva era.

CURACIÓN ESPIRITUAL. Los defensores de la nueva era hablan a menudo de los poderes curativos de la mente. Y si, tal como Betty Eadie cree, «a través de ellos [nuestros pensamientos] creamos aquello que nos rodea», la consecuencia será que nos podremos sanar a nosotros mismos si procuramos tener pensamientos positivos. Esto es precisamente lo que Eadie afirma:

> Nuestros pensamientos tienen la increíble capacidad de atraer la energía positiva o negativa que nos rodea. Cuando atraen energía negativa durante mucho tiempo el resultado suele ser el debilitamiento de las defensas del cuerpo. Esto sucede especialmente cuando los pensamientos negativos se centran en nosotros mismos. Comprendí que, al estar deprimidos, nuestros pensamientos están en su *punto máximo* de preocupación por nosotros mismos.
>
> Todas las curaciones tienen lugar en nuestro interior. Nuestro espíritu sana el cuerpo. Aunque el firme pulso de un cirujano nos opere y las medicinas sienten las bases sobre las que

> devolver la salud a su estado normal, lo que realmente produce la curación es nuestro espíritu. Un cuerpo que no tenga espíritu no podrá ser sanado ni podrá vivir durante mucho tiempo.[29]

Según Eadie, contamos con suficiente poder espiritual en nuestro interior para lograr alterar las células de nuestro organismo y hacerlas sanar. Por el contrario, el obsesionarse sobre las enfermedades supone estar utilizando erróneamente la energía negativa, lo que puede ser contraproducente:

> Me di cuenta de que muchas veces había tendido hacia una negativa «autocompasión» al pensar cosas como «me duele todo», «nadie me quiere», «no hago más que sufrir», «no lo soporto más», etc. Me di cuenta de que en cada una de esas frases aparecía la palabra *yo*. Me di cuenta de hasta qué punto me preocupaba sólo de mí misma. Y me di cuenta de que no sólo admitía todos estos aspectos negativos al decir que los padecía, sino que además les daba entrada y los aceptaba como parte de mí. De esta manera, mi cuerpo vivía en una especie de profecía que se iba cumpliendo a sí misma; ese «yo=dolor» se convertía para mi cuerpo en un «estoy enferma». Nunca antes había pensado en todo esto; sin embargo, ahora veía claramente que yo había sido parte de todo el problema.[30]

Por supuesto, muchos otras personas han meditado antes sobre el asunto, incluidas Mary Baker Eddy y prácticamente todas las sectas «científicomentales» surgidas en el último siglo. Todos estos grupos fueron los predecesores del actual movimiento de la nueva era, movimiento que tiene unas teorías sobre la curación mental muy parecidas.

CREACIÓN DE UNA REALIDAD PROPIA. Otro de los colofones a la afirmación de Betty Eadie de que «a través de ... [nuestros pensamientos] creamos aquello que nos rodea» es la idea de que la verdad y la realidad son subjetivas, propias de cada individuo. Todo «aquello que nos rodea» —realidades metafísicas incluidas— es el simple resultado de lo que pensamos. «Si entendiésemos el poder de los pensamientos», dice Eadie en su libro, «tendríamos más cuidado con ellos. Si entendiésemos el enorme poder de las palabras preferiríamos estar en silencio antes que cualquier aspecto negativo. Mediante los pensamientos y las palabras creamos nuestras propias debilidades y fortalezas.»[31] En otras palabras, nuestros pensamientos son los que determinan en qué consiste la «realidad».

Las consecuencias morales de este relativismo son atroces. Significaría, por ejemplo, que las personas que padecen enfermedades o discapacidades son responsables de habérselas acarreado a sí mismas. Según dice Eadie: «Para mi sorpresa, me di cuenta de que la mayoría de nosotros habíamos escogido las enfermedades que posteriormente hemos sufrido».[32] En una entrevista realizada por Hugh Downs Eadie afirmó que las víctimas del Holocausto nazi habían escogido su propio destino antes de nacer.[33] Con declaraciones así sólo se consigue trivializar el sufrimiento humano y absolver a los criminales nazis de su brutalidad. Doug Groothuis, un experto evangélico en el movimiento de la nueva era, ha escrito que «si las víctimas del holocausto hubiesen participado voluntariamente en él en vez de ser los perjudicados, los nazis no deberían haber sido moralmente condenados, ya que simplemente habrían hecho realidad los deseos de sus súbditos. Por supuesto, sería algo moralmente absurdo.»[34]

PANTEÍSMO. El panteísmo es la teoría según la cual Dios y el universo son una misma cosa. A menudo se expresa como la creencia en la divinidad de tanto el Creador como las cosas creadas. Sin duda, el ejemplo más conocido del panteísmo de la nueva era es el de Shirley MacLaine, quien dice ser Dios. De hecho, esta declaración es bastante frecuente últimamente en el mundo de la nueva era; la mayoría de filosofías que integran este movimiento incluyen la noción de que Dios está presente en toda la creación. Esto explica que los que creen en la nueva era sientan tanta afinidad hacia aquellas personas que deifican la naturaleza y adoran a la «madre tierra».

Betty Eadie considera que todos somos divinos. Según su sistema de creencias mormonas-nueva era, los espíritus humanos somos literalmente la progenie de Dios y, como tales, divinos en esencia. Como hemos visto antes, Eadie admitía poseer la omnisciencia. A lo largo de toda su obra, la autora especifica que la naturaleza humana es «divina»,[35] y que antes incluso de nacer, el ser humano ya posee «conocimiento divino», una omnisciencia que le permite saber exactamente a qué se va a enfrentar en la tierra.[36]

Eadie explica una anécdota que le sucedió en su viaje celeste al pasar junto a una rosa que estaba al lado de un río. Dice Eadie que, al mirar la rosa, la presencia de ésta le rodeó. «¡Y me sentí como si *yo fuese* la flor!... Sentí a Dios en aquella planta, en mí; noté cómo su amor se vertía en mi interior. ¡Todos somos una misma cosa!.»[37] Esto no es más que simple panteísmo.

Al describir su primer encuentro con la figura de Jesús en su visión del cielo, Eadie escribe lo siguiente: «Sentí cómo su luz se iba, literalmente, mezclando con la mía, y sentí también cómo mi luz se unía a la suya. Era como si dos bombillas estuviesen brillando en una habitación y fuesen conformando una sola. Es difícil decir dónde acaba una luz y dónde empieza la otra; se habían transformado en una misma luminosidad. Sentí su grandioso espíritu y supe que siempre había sido parte de él, que en realidad nunca me había apartado de él.»[38]

La Biblia nos enseña que, en cierto sentido, todos los creyentes estamos unidos a Cristo. Pero no de una manera que borre las líneas de separación entre creador y criatura y, desde luego, no de una manera que retroceda hasta un tiempo en el que existía una relación eterna entre lo humano y lo divino. La teología de Betty Eadie no es más que panteísmo alejado del cristianismo.

DUALISMO. Entre las creencias de la nueva era también se encuentra el dualismo antibíblico. Según esta teoría, todo se puede reducir a dos opuestos fundamentales —el ying y el yang, el bien y el mal, la luz y la oscuridad o lo que sea. Para el dualista, toda la realidad se puede explicar en términos de esa lucha entre opuestos— como la fuerza y el lado oscuro de la «fuerza» en la *Guerra de las galaxias*. Dentro de la filosofía de la nueva era, estos principios se pueden describir en términos de espíritu y materia, luz y oscuridad, ignorancia y conocimiento, mente y cuerpo, cielo y tierra y dualismos parecidos.

El cielo descrito por Eadie está lleno de dualismos de la nueva era. La yuxtaposición entre las dualidades como el bien y el mal, el espíritu y el cuerpo y el cielo y la tierra son el *leitmotiv* del libro, lo que le da ese matiz característico de la nueva era. El dualismo es lo que está detrás del concepto de Eadie sobre la energía positiva y la negativa, es lo que le sirve de base para su visión de cómo espíritu y cuerpo se unen en el proceso de curación; también es el dualismo lo que define su teoría sobre el pecado y el mal.

El dualismo es intrínsecamente incompatible con la visión bíblica del pecado. Si la manera en que los dualistas describen los acontecimientos del mundo es correcta, desde tiempos inmemoriales ha habido dos fuerzas opuestas por naturaleza que se han mantenido en un tenso equilibrio. El mal se convertiría entonces en un bien necesario. Esta es precisamente la naturaleza que tienen las cosas en el cielo de Eadie. Como ya hemos visto, la caída de Adán y Eva no fue más que un mal necesario. Además, en el sistema dual presentado por Eadie, el pecado no es, en sí mismo, algo que ofenda realmente a Dios en su santidad, sino el resultado de demasiada energía negativa. La ira, el odio, la amargura y la falta de perdón no son tanto *pecados* que necesiten ser expiados, como influencias negativas que debemos aprender a «dejar ir.»[39]

Eadie se refiere en muy pocas ocasiones al pecado y cuando lo hace, como señala Groothuis, lo hace poniéndolo entre comillas.[40] Un ejemplo clásico de su dualismo es la aseveración de que «nuestros cuerpos espirituales están llenos de luz, verdad y amor, [aunque] tienen que batallar constantemente para vencer a la carne.»[41] Según Eadie, ese «batallar» es la consecuencia de reforzar el bien que se encuentra en nosotros, y el proceso de crecimiento que resulte será lo que nos acabará librando de la influencia del mal. De esta manera, el «pecado» es simplemente una fuerza necesaria que tiene que ser contenida y dominada mediante el mecanismo habitual de crecimiento espiritual. No se considera un enemigo que pueda en última instancia ser destruido y sometido, y tampoco se contempla necesidad alguna de expiación a través de la obra salvadora y substitutoria de Cristo.

Lejos de reconocer la necesidad de expiación, Betty Eadie declara que «el pecado no es nuestra verdadera naturaleza. Espiritualmente hablando, podemos presentar diversos niveles de luz —es decir, conocimiento— y, debido a nuestra naturaleza divina y espiritual, nos sentimos llenos del deseo de hacer el bien.»[42] Lo que acabamos de leer contradice simple y llanamente la Biblia, donde se puede leer que somos, por naturaleza, hijos de ira (Ef. 2:3), enemigos de Dios (Ro. 5:10) e incapaces de someternos a las leyes de Dios (Ro. 8:7). Las Escrituras dejan bien claro que no hay nadie que sea justo, ni siquiera uno (Ro. 3:12).

Por el contrario, según Eadie, «en el mundo espiritual no se ve el pecado como lo vemos ahora. *Todas* las experiencias pueden ser positivas.»[43]

Todo dualismo tiende inevitablemente a eliminar las implicaciones morales del pecado. Si consideramos el pecado una fuerza cósmica, se convertirá en algo que deberemos tolerar, entender e incluso utilizar; no lo veremos como un enemigo al que no podemos destruir. Puede que ello explique la tranquilidad con la que Eadie se enfrenta al problema del pecado entre los humanos. Por ejemplo, la autora dice que, mientras estaba en el cielo, pudo contemplar cómo ante ella desfilaba un resumen de su vida entera «a través de lo que podríamos considerar hologramas de gran definición.»[44] A medida que iba viendo la reproducción de su vida empezó a sentir vergüenza:

> Vi cómo había decepcionado a algunas personas, y bajé la cabeza cuando su sentimiento de decepción me empezó a invadir, mezclándose con mi culpabilidad. Comprendí todo el sufrimiento que había causado, lo sentía. Y empecé a temblar. Vi, con gran sufrimiento, cuánto daño había provocado mi mal carácter. Vi mi egoísmo, y mi corazón clamaba pidiendo consuelo. ¿Cómo había podido ser tan desalmada?[45]

Después describe cómo pudo ver las «reacciones en cadena» de sus malas acciones. Las personas con las que había sido injusta fueron injustas con otras a su vez, y así en adelante. A medida que iba comprendiendo el enorme alcance de los perjuicios que había provocado, reconoce Eadie, su dolor se multiplicaba y se volvía insostenible.

En medio de todo esto, según continúa diciendo, el Salvador dio un paso hacia adelante y le exhortó a que no se sintiera tan mal por culpa de sus acciones. «Estás siendo demasiado dura contigo misma», asegura que le dijo Jesús. Entonces le mostró que sus buenas acciones también habían tenido las mismas «reacciones en cadena.»[46] Así, las buenas acciones compensaron las malas; es decir, otra vez el dualismo. Eadie escribe que «mi dolor fue substituido por la alegría».

No es muy difícil ver de qué manera este tipo de pensamiento anula la necesidad de la expiación, ya que podemos invalidar nuestro pecado con sólo hacer el bien hasta el punto de tapar las consecuencias del pecado. La obra de Cristo en la cruz se vuelve entonces innecesaria. Esto no es cristianismo verdadero, sino el resultado del dualismo pagano.

Llegados a este punto debemos reconocer que algunas personas consideran el cristianismo como algo dualista. Después de todo, ¿no reconocen los cristianos el conflicto eterno entre el bien y el mal, entre Dios y Satanás? ¿No es esto dualismo?

No, no lo es. Satanás no es ni eterno ni igual que Dios. Es un ser creado. No existe ningún principio eterno e inmutable fuera de Dios. El mal no supone una amenaza duradera que se enfrenta a la bondad divina. Se trata de un estado al que la creación llegado después de la caída, un estado del que será redimida un día. El mal *no* es una fuerza eterna equiparable a Dios. Dios y Satanás no contienden en iguales condiciones. Y tampoco son buenos y malos.

Dicho de otro modo, el cristianismo verdadero es, por naturaleza, monoteísta. Los cristianos creen en un sólo y único y eterno principio que es Dios. tan sólo Él gobierna sobre Satanás y el mal. En otras palabras, para el pensamiento cristianismo puro todo lo real y todo lo que existe tiene un único principio, y ese principio es Dios mismo. «Él es antes de todas las cosas, y todas las cosas en él subsisten» (Col. 1:17). Ni siquiera la doctrina de la Trinidad altera el monismo bíblico. Dios es tres personas, pero *un sólo* ser en esencia.

Así pues, la verdadera naturaleza del cristianismo excluye todo dualismo. La historia es testigo de que aquellos que han intentado mezclar dualismo y cristianismo han acabado cayendo en graves herejías. Buena prueba de ello es lo que ha sucedido con el gnosticismo a través de los siglos.

GNOSTICISMO. La doctrina de Betty Eadie, como toda la filosofía de la nueva era, está infectada por el gnosticismo. Se llama gnosticismo a las diferentes y desviadas enseñanzas de algunas sectas que surgieron durante los primeros siglos del cristianismo. El gnosticismo era dualista, místico y siempre herético. En el movimiento de la nueva era se han conservado rasgos de gnosticismo. De hecho, se podría decir que la nueva era es un resurgimiento del gnosticismo. Aunque los gnósticos utilicen a menudo lenguaje cristiano y vocabulario bíblico, lo cierto es que su ideología es contraria al cristianismo verdadero. En consecuencia, los verdaderos creyentes deberían estar alerta sobre la creciente presencia de este neognosticismo.

La idea principal que subyace en todo tipo de gnosticismo (idea de la que toma el nombre) es la creencia en que algunas almas iluminadas pueden acceder a una forma superior de conocimiento aparte del que se encuentra en la verdad revelada de las Escrituras. Los gnósticos no siempre coinciden en *cuál* es el «secreto» para conseguir ser iluminados, aunque sí están de acuerdo en que dicho secreto sólo está al alcance de los iluminados, escondido en algún principio «clave» que, inevitablemente, está fuera de la Biblia.

De modo que la naturaleza del gnosticismo es mística: instruye a las personas sobre cómo mirar en su interior en busca del conocimiento secreto. Este conocimiento se puede adquirir a través de sueños y visiones, mensajeros angélicos, comunicación mental directa con Dios, bioretroalimentación,[47] emociones personales, proyecciones astrales o, como en el caso de Betty Eadie, una combinación de todos estos factores en forma de odisea del alma en el reino del más allá.

La totalidad de las afirmaciones de Eadie se basa en declaración de que se ha convertido, gracias a su supuesta experiencia *postmortem*, en conocedora de los secretos del universo. Afirma tener un conocimiento que vas más allá de las revelaciones de las Escrituras sobre el cielo. De esta manera se proclama como una autoridad superior a la Biblia en materia celeste. No es más que gnosticismo clásico.

Otras ideas alejadas de la Biblia

El libro de Eadie también está lleno de ideas que se alejan, en mayor o menor grado, de la Biblia. Veamos algunas de ellas:

LA SUPREMACÍA DE LA VOLUNTAD HUMANA. Eadie proclama una radical doctrina sobre el libre albedrío que anula la doctrina bíblica de la soberanía de Dios. Así describe sus pensamientos cuando, desde el mundo de los muertos, contempla a sus propios hijos: «Son espíritus individuales, como yo misma, con una inteligencia que se desarrolló antes de su vida en la tierra. Cada uno de ellos tenía voluntad propia para escoger de qué modo vivir la vida. Supe que esta propia elección no se les debería negar.»[48] Asegura que se dio cuenta de que sus hijos vivían la vida según una especie de agenda que habían planificado antes de nacer. Así, según Eadie, las elecciones propias de su libre albedrío no se deberían impedir. «No tenía por qué sentir pena o temer por ellos.»[49]

Posteriormente desarrolla esta idea en su obra; escribe:

> Comprendí que en el mundo previo a la muerte todos conocíamos e incluso habíamos escogido las misiones que íbamos a realizar.... Se nos ha dado la capacidad de actuar para nosotros mismos. Son nuestros actos los que determinan el curso de nuestra vida; tenemos la capacidad de alterar o cambiar el rumbo de nuestras vidas en cualquier momento. Entendí que se trataba de algo de vital importancia; Dios

> prometió que no intervendría en nuestras vidas *a no ser que se lo pidiésemos*. E, incluso en ese supuesto, nos ayudaría mediante su conocimiento omnisciente a conseguir nuestros —de ser honestos— deseos. Nos mostramos agradecidos ante esta posibilidad de expresar y ejercer nuestra voluntad propia, ya que nos permitió escoger nuestras alegrías o aquellas cosas que habrían de provocar tristeza en nosotros. La elección, a través de decisiones propias, habría de ser nuestra.[50]

Las Escrituras no enseñan nada de todo eso. Lejos de exaltar la libertad de elección de los humanos, la Biblia nos describe como seres que viven irremediablemente esclavizados por el pecado y por los malos deseos. «Los designios de la carne son enemistad contra Dios; porque no se sujetan a la ley de Dios, ni tampoco pueden» (Ro. 8:7). Estamos atados al yugo del pecado durante toda la vida (He. 2:15).

Las Palabra de Dios también emplea la metáfora de la muerte para representar la condición del corazón humano. Se dice de nosotros que estamos «muertos en nuestros delitos y pecados» (Ef. 2:1). Vivimos esclavizados por los deseos de hacer el mal, «la voluntad de la carne y de los pensamientos, y … [somos (por naturaleza hijos de ira» (v. 3). La intervención soberana de Dios, en lugar de prometernos no intervenir a menos que se lo pidamos, es imprescindible para obtener la salvación (vv. 4-5). Nuestra situación no tendría ningún remedio si Dios hubiese accedido a permitirnos escoger nuestro propio camino y hubiese prometido «que no intervendría en nuestras vidas a no ser que se lo pidiésemos».

Las Escrituras muestran con toda claridad que la voluntad de Dios es soberana, y no la de los pecadores. «Así que no depende del que quiere, ni del que corre, sino de Dios que tiene misericordia» (Ro. 9:16). El Señor ha salvado a los pecadores a pesar del amor que sienten hacia el pecado y el odio hacia su justicia. Es cierto que antes de la fundación del mundo se tomó una decisión, pero fue Dios, y no nosotros, quien decidió que fuésemos santos y sin mancha delante de Él (Ef. 1:4).

LA AUTOSUFICIENCIA HUMANA. Además de decir que los pecadores son dueños de su voluntad, la teología de Betty Eadie insiste en que los humanos pueden, en sí mismos y para sí mismos, satisfacer todas sus necesidades espirituales.

Esta doctrina convierte a Dios en algo prácticamente innecesario. No es de extrañar que Eadie afirme que Dios ha prometido no intervenir en los asuntos humanos. Cree que los humanos son capaces de ayudarse a sí mismos, sin que Dios intervenga: «Vi que *siempre* tenemos el modo adecuado de ayudarnos a nosotros mismos, aunque no seamos conscientes de él o no sepamos cómo utilizarlo. Tenemos que mirar en nuestro interior. Debemos confiar en nuestras posibilidades; la herramienta espiritual apropiada está allí, lista para que la utilicemos.»[51] Esto no es más que una condenatoria doctrina que proclama a los pecadores su total capacidad de hacer algo para salvarse a sí mismos. El mensaje de Jesús fue exactamente el contrario: «Separados de mí nada podéis hacer» (Jn. 15:5).

LA SALVACIÓN DE LOS HOMBRES A TRAVÉS DE SUS OBRAS. Inevitablemente, la creencia en que los pecadores son por un lado dueños de sí mismos para ejercer su voluntad y espiritualmente autosuficientes por otro coloca todo el peso de la salvación sobre las espaldas de los pecadores y sienta las bases de un sistema basado en las obras. Esta es una piedra de tropiezo habitual en todas las sectas y falsas doctrinas.

Según el modo de pensar de Betty Eadie, nuestras vidas son simplemente parte de un proceso de crecimiento eterno. Los pecados no son más que herramientas de las que debemos aprender.[52] La gracia divina es un invitado no bien recibido en ese sistema, ya que si Dios llega a hacer algo *por* nosotros ello implicará que hemos perdido una oportunidad de crecer. (Esa es la razón por la que indica que Dios ha prometido no intervenir a menos que se lo pidamos). Además, dado que los defectos humanos no son más que imperfecciones que hay que dominar, somos nosotros quienes debemos llevar adelante el proceso. «Debemos crear nuestras propias vidas, ejercer nuestros dones y experimentar tanto fracasos como éxitos. Debemos emplear nuestra voluntad propia para expandir nuestra vida y progresar en ella.»[53] Y el amor es algo supremo.[54] «Verdaderamente, el amor es lo único que importa.»[55] Todo es «¡tan fácil!... *Si somos buenos, sentiremos gozo*».[56]

UN ÉNFASIS EXCESIVO EN LOS ÁNGELES. Aunque, según Betty Eadie, Dios no quiere intervenir en los asuntos de los humanos, parece claro que los ángeles no tienen ningún reparo en hacerlo. Para Eadie, los ángeles son los que orquestan las actuaciones de la providencia.[57] responden las oraciones de la gente,[58] revolotean todo el tiempo a nuestro alrededor en forma de ángeles de la guarda que se ponen a nuestro servicio casi al instante,[59] etc. También sostiene que los ángeles acuden a nosotros desde el más allá para alentarnos a ser fieles a los compromisos que hicimos antes de nacer.[60] Ni que decir tiene que en las Escrituras no aparece nada de todo esto.

CREENCIAS ANTIBÍBLICAS DIVERSAS. El libro de Betty Eadie está lleno de otras muchas enseñanzas que nada tienen que ver con las Escrituras, como su afirmación de que las almas de los niños «pueden escoger si entran en el cuerpo de la madre en cualquier momento del embarazo.»[61] También apunta que las oraciones en favor de las personas que han fallecido pueden ayudarles en el mundo espiritual.[62]. Además, no hace mención alguna al papel del Espíritu Santo; parece evidente que no lo ve como un ser personal.

HECHIZADOS POR EL ERROR

Puede que de la impresión dé que he ridiculizado los errores del relato sobre el cielo de Betty Eadie; lo he hecho porque son muy graves y porque, aun así, han influido a millones de personas. La gente se queda inexplicablemente hechizada por las historias sobre la vida después de la muerte. Y aunque *Embraced by the Light* es la narración más conocida y más famosa, cabe esperar que le sigan otras.

Lo cierto es que ya han empezado a aparecer relatos parecidos; algunos de ellos con un trasfondo doctrinal todavía más terrible que el aparece en la obra de Betty Eadie. Un posible ejemplo es el libro titulado *Saved by the Light* [Salvados por la luz] de Dannion Brinkley, el cual ya ha alcanzado la lista de superventas del diario *The New York Times*.

La peregrinación celeste de Brinkley comenzó después de que fuese alcanzado por un rayo. Su obra tiene un gran parecido con la de Eadie, si bien la mayor de las diferencias es que Brinkley se muestra totalmente contrario al cristianismo, en especial al cristianismo bíblico. Insinúa que el cristianismo es el responsable de que la gente crea que «no es capaz de ser lo que en realidad es.»[63]

Brinkley cree que le enviaron de vuelta al mundo para que trajese un mensaje. Y este es el mensaje: El futuro de la raza humana no está esculpido en una losa. Tenemos la posibilidad de cambiar las cosas. Según palabras de Brinkley, un ser celeste le dijo

> que iba a regresar (sólo por si la gente no cambiaba, ya que el

> mundo tal como lo conocemos iba a cambiar y a acabarse; la religión se derrumbaría y las instituciones también, los gobiernos se trastornarían por culpa de las mentiras) y que lo que tenía que hacer era preparar un sistema sin dogmas al que la gente pudiese venir, un sistema que no estuviese ligado a la religión, que pudiera hacerles seguir un programa de ocho etapas que les hiciese encontrar realmente un modo de renovarse a sí mismos y a su espíritu en un mundo que ya no era seguro, un mundo en el que ya no se podía confiar.[64]

Ese «sistema sin dogmas» lo ha encontrado Dannion Brinkley en el movimiento de la nueva era, del que ahora se ha convertido en apóstol. Esto es lo que respondió cuando le preguntaron cómo armonizar su experiencia con la de Eadie:

> Los relatos de las personas varían un poco en función de la procedencia cultural o religiosa. Al igual que yo vi un ser de luz, Betty vio a Jesús. Hay quien ve a Mahoma o a Krishna: todos tienen su propio nombre. Sin embargo, la experiencia es la misma. Me he dado cuenta al hablar con Raymond [Moody] y al hablar directamente con la gente de que las experiencias cercanas a la muerte son tan uniformes, tan específicas que, sin que la cultura importe, están ahí, existen; tanto da el dogma particular en el que se inscriban.... Cuando alcanzas ese nivel de consciencia espiritual ves lo que el transcurso de tu vida te ha enseñado.[65]

En la práctica esto supone la admisión, por parte de uno de los líderes defensores de las experiencias cercanas a la muerte, de que dichas experiencias no nos pueden aportar nada objetivo sobre la vida en el más allá, ya que se amoldan e interpretan según la visión del mundo presente que tenga una determinada persona. No tienen más valor que el estudio de un sueño a la hora de aportarnos datos comprensibles sobre el mundo invisible.

Quienes se forman sus opiniones sobre la vida tras la muerte basándose en esas experiencias relatadas están jugando con fuego, ¡pero con el del infierno! Y ese es el futuro que Satanás les depara.

PALABRAS INEFABLES QUE NO SE DEBEN EXPRESAR

He leído muchos relatos sobre experiencias cercanas a la muerte y visiones del cielo de muchas personas. Lo que más me llama la atención es que la práctica totalidad de ellos —incluso los que están escritos, entre comillas, desde una perspectiva «cristiana»— no se parecen en nada a las descripciones de las visiones del cielo que aparecen en las Escrituras.

El punto central de la gloria celeste en la Biblia siempre es Dios (Is. 6:1-3). Y sin embargo, en las experiencias cercanas a la muerte siempre es el elemento humano el que ocupa el lugar principal. Esto es lo que sucedía, por ejemplo, con Betty Eadie. En vez de postrarse sobre su rostro llena de temor santo como hizo Ezequiel cuando vislumbró a Dios (Ez. 1:28), Eadie cuenta cómo fue ella quien acordó los términos de su vuelta a la tierra y, según dice después: «Ellos accedieron a *mis* términos.»[66] En vez de temblar al darse cuenta de su propia indignidad en presencia de Dios, como le sucedió a Isaías (Is. 6:5), Eadie dice que no era capaz de decir dónde se acababa su propia luz y dónde empezaba la de Jesús.[67] En vez de ver a Jesucristo como el «alfa y la omega, el principio y el fin», como le vio el apóstol Juan (Ap. 22:13), Betty Eadie asegura que recuerda haber sido testigo, personalmente, de la creación a su lado.

En pocas palabras, esta visión del cielo nada tiene que ver con el cielo del que hablan las Escrituras. De hecho, estos visionarios modernos contrastan como la noche y el día con los personajes de la Biblia a los que se permitió tener visiones de la gloria celeste. El apóstol Pablo, por ejemplo, relata su historia de un modo un poco reacio, catorce años después de que ocurriera y narrándolo en tercera persona:

> *Conozco a un hombre en Cristo, que hace catorce años (si en el cuerpo, no lo sé; si fuera del cuerpo, no lo sé; Dios lo sabe) fue arrebatado hasta el tercer cielo. Y conozco a tal hombre (si en el cuerpo, o fuera del cuerpo, no lo sé; Dios lo sabe), que fue arrebatado al paraíso, donde oyó palabras inefables que no le es dado al hombre expresar.*
>
> —*2 Corintios 12:2-4*

A la hora de dar detalles concretos sobre lo que vio en el cielo, el apóstol Pablo no se muestra muy comunicativo. Sólo dice que «oyó palabras inefables *que no le es dado al hombre expresar*» (v. 4; cursivas añadidas).

La enseñanza que podemos extraer aquí es que Pablo, llamado a ser uno de los apóstoles más importantes de la iglesia primitiva, consideraba el hablar en detalle sobre las cosas vistas en el cielo como algo que no se debería explicar. ¡Qué comparación con los que hoy en día llenan páginas y páginas explicando lo que supuestamente vieron y oyeron en sus viajes celestes!

Dado que las Escrituras son la Palabra de Dios, debemos rechazar cualquier relato o vivencia que contradiga sus enseñanzas. En última instancia, no tenemos más remedio que llegar a la conclusión de que la Biblia es la única fuente de información sobre el cielo en la que podemos confiar. No vale la pena analizar e indagar en las experiencias cercanas a la muerte de otras personas, como si pudiesen aportarnos algo de verdad sobre la vida en el más allá que no venga en las Escrituras. La Biblia nos da información suficiente y precisa sobre el cielo, los ángeles y la vida después de la muerte. Dios ya nos ha dado todo lo necesario para prepararnos para toda buena obra (2 Ti. 3:17). No hay nada que el testimonio personal de alguien pueda aportar.

Además, los que quieren saber más de lo que pone en la Biblia están pecando: «Las cosas secretas pertenecen a Jehová nuestro Dios; mas las reveladas son para nosotros y para nuestros hijos para siempre» (Dt. 29:29). Así pues, los límites de nuestra curiosidad se circunscriben a la revelación bíblica.

A medida que profundicemos en el estudio de la Biblia veremos que, a pesar de que muchas preguntas queden sin contestar, las Escrituras nos describen con notable claridad y detalle el cielo y el mundo espiritual.

Lo que debería llenarnos los corazones y la mente es la verdad bíblica acerca del cielo, y no ideas fantásticas y engañosas fruto de la experiencia cercana a la muerte de algunas personas.

Al exhortarnos a dirigir nuestros corazones hacia las cosas celestiales, lo que las Escrituras pretenden es que pongamos nuestro punto de mira en Cristo y en la gloria verdaderamente celestial, y no que nos empapemos de fantasías sobre cómo será la vida en el cielo. Colosenses 3:2 —«Poned la mira en las cosas de arriba, no en las de la tierra»— no es sino otra manera de expresar el primero y más grande de los mandamientos: «Amarás al Señor tu Dios con todo tu corazón, y con toda tu alma, y con toda tu mente y con todas tus fuerzas» (Mr. 12:30).

CAPÍTULO
DOS

NI LA MÁS REMOTA IDEA SOBRE EL CIELO

Los viajes al cielo y los regresos en vida no son patrimonio exclusivo de las sectas y del movimiento de la nueva era. Las cadenas cristianas de televisión en Estados Unidos están plagadas de personas que narran sus fantásticas historias sobre odiseas celestiales personales. Richard Eby, quien dice haber visitado *tanto* el cielo *como* el infierno, es, por ejemplo, uno de los invitados habituales de la cadena de abasto nacional Trinity Broadcasting Network (TBN). Da la impresión de que cada vez que explica su historia la adorna con nuevos detalles extrabíblicos.

Eby escribió un libro sobre su experiencia en el cielo titulado *Caught Up into Paradise*[1] [Llevado al paraíso]. Dice que cayó del balcón de un segundo piso y fue a parar al suelo de cabeza y que fue llevado al cielo, donde tuvo un cuerpo traslúcido y la capacidad de moverse, flotando, a voluntad. Ha acudido una y otra vez a TBN a explicar nuevos detalles sobre el cielo.

Eby asegura que en un viaje a la Tierra Santa patrocinado por la TBN en 1977 también visitó el infierno. Mientras el grupo veía la tumba de Lázaro en Betania, dice Eby que, de pronto, todo se oscureció y que se dio cuenta de que tenía Jesús a su lado. Así lo escribe: «Escuché la misma voz maravillosa que me había hablado desde una nube cuando estaba en el hospital, cinco años antes: "Hijo mío: te mostré el cielo; ahora te muestro el infierno. Debes conocer los dos sitios".»[2]

Su viaje por los infiernos sólo duró dos minutos pero, según él, fue más que suficiente. Según explica, el infierno no es un lugar de fuego, sino que es frío y húmedo, «de ese tipo [de frío] que te entumece y se te mete en cada célula del cuerpo y te martiriza, aunque no hasta el extremo de hacerte perder el sentido. ¡No había manera de calentarse en aquel agujero glacial! ¿Y el olor? El olor era lo peor: horrible, desagradable, repugnante, inmundo, fétido, maligno ... todo eso mezclado y concentrado.» «De algún modo supe que aquella fetidez provenía de quienes estaban allí; demonios hediondos que se arrastraban y parecían disfrutar mentalmente haciéndome sufrir.»[3] ¡Y Eby regresó del mundo de los muertos a la tumba de Lázaro con una historia más fantástica, sin duda, que las que Lázaro contara sobre el más allá! En los últimos años, Eby ha relatado vívidamente y tantas veces su experiencia en el infierno en TBN como la visión que tuvo en el cielo.

«POR EL AMOR DE DIOS» ... O «POR TODOS LOS DEMONIOS»

Hace algunos años escribí un libro sobre el fenómeno carismático en el que analizaba las afirmaciones de algunos visionarios que aseguran haber visto el cielo (o el infierno) con sus propios ojos y haber sobrevivido y regresado para poder contarlo. Uno de ellos era Roberts Liardon, quien dice haber visitado el cielo en tres ocasiones como mínimo; todas ellas antes de los doce años. En la actualidad es un pastor carismático muy solicitado para dar charlas, en las que explica lo que le sucedió en sus repetidas visitas al cielo.

Liardon sostiene que lo más importante de todo lo que aprendió en su viaje al cielo es que éste tiene unos depósitos llenos de partes y órganos del cuerpo humano que están al alcance de todos aquellos que, desde la tierra, los pidan con fe. ¿Necesita un recambio de ojos? Pues, según Roberts Liardon, si tiene la suficiente fe podrá conseguir un par de los almacenes celestes, unos almacenes que casualmente se encuentran a «500 ó 600 metros de la sala del trono de Dios». Asegura que Jesús en persona le mostró los depósitos. La escena relatada es de lo más surrealista:

> Entramos en el primero [de los almacenes] y Jesús cerró la puerta principal. Entonces eché un vistazo a nuestro alrededor ¡y me quedé estupefacto!
>
> En uno de los extremos había brazos, dedos, y otras partes exteriores del cuerpo. Las piernas colgaban de la pared, aun

> así, la escena no resultaba dantesca, sino algo natural. En el otro extremo de la sala se podían observar estanterías llenas de unos paquetitos bien envueltos que contenían ojos; ojos verdes, marrones, azules....
>
> En aquel edificio se almacenaban todas las partes y órganos del cuerpo humano que la gente en la tierra necesita pero que no se ha dado cuenta de que están a su disposición, y para su bendición, en el cielo.... Y están allí tanto para santos como para pecadores.[4]

Según Liardon, Jesús le dijo: «Estas son las bendiciones que la gente no ha pedido. Este edificio no debería estar lleno; se debería vaciar cada día. Deberías venir aquí a través de la fe y solicitar las partes que necesitas para ti y para las personas con las que te vas a relacionar.»[5]

El cielo de Roberts Liardon *sólo existe para satisfacer las necesidades de la tierra*. Aunque aparentemente el mensaje que aporta se centra en el cielo, lo cierto es que siempre tiene, invariablemente, la tierra como punto de vista. Este autor dice que en el cielo hay un estadio al que acuden los habitantes celestes para ver lo que sucede en la tierra. Dice que el único motivo por el que Jesús le llevó al cielo en primer lugar fue para encargarle un ministerio en la tierra. Su viaje por el cielo incluyó placeres terrestres tales como jugar a salpicarse con Jesús en el río de la vida.[6]

Liardon llega a decir que en uno de sus viajes al cielo dejó a medias un episodio de la serie televisiva Laverne y Shirley. Cuando concluyó su visita celeste, regresó a su sala de estar. Y entonces, según explica Liardon, Jesús «se levantó, se dio la vuelta y salió por la puerta, la televisión se volvió a encender y pude acabar de ver el programa *Laverne y Shirley.*[7]

Todas las explicaciones que da sobre el cielo tienen un regusto más bien terreno, lo que implica que, después de todo, éste se subordina, en realidad, a la tierra. Lejos de obedecer el mandato bíblico de poner la mira en las cosas de arriba, este tipo de enseñanzas insinúan que el mismo cielo se preocupa de los acontecimientos de la tierra y que lo más preciado para el cielo son, en el fondo, los bienes que se encuentran en la tierra.

Así pues, los relatos de Liardon sobre sus visiones celestes no son, realmente, más que absurdidades antibíblicas. Sus descabelladas perspectivas sobre el cielo son tan mundanas como el peor de los materialismos.

INTERESES TERRENALES

A pesar de la preponderancia de visiones celestiales como las de Betty Eadie o Roberts Liardon, lo cierto es que la causa más extendida de las ideas distorsionadas sobre el cielo en nuestros días es el *materialismo*. Aunque las visiones místicas a las que nos hemos venido refiriendo pueden resultar muy dañinas para las personas embaucadas por ellas, el amor por el mundo y el materialismo de nuestra generación arrastran a un número mucho mayor de personas, quienes acaban perdiendo de vista el cielo.

Pero seamos sinceros también: el materialismo no es un problema que sólo afecte a los paganos. Si echamos una mirada a la subcultura evangélica norteamericana nos daremos cuenta de que el materialismo está vivo y bien arraigado entre los cristianos bíblicos. En la actualidad contamos con macrocomplejos eclesiásticos que poseen todo tipo de equipamientos de alta tecnología para el ocio, programas de efectos especiales, jacuzzis, gimnasios, boleras y hasta salones para comidas. Para algunas iglesias se ha vuelto más importante proporcionar comodidades materiales para la grey que proseguir la carrera hacia el galardón del cielo. No es extrañar, entonces, que los feligreses no se den cuenta de que el materialismo es pecado.

Vivimos en la era de la satisfacción inmediata. Ninguna generación precedente ha tenido acceso a tantas maneras de satisfacer lo deseos corporales «aquí y ahora». Por ejemplo, tenemos tarjetas de crédito que nos permiten comprar lo que no tenemos dinero para comprar, ir a donde no podríamos ir y hacer lo que de otro modo no nos sería posible hacer. No empezamos a pagar hasta después. La predominancia de las deudas causadas por el uso incontrolado de las tarjetas de crédito es el síntoma de la actitud de «lo que quiero y *cuando* lo quiero». La mentalidad de nuestro tiempo no nos permite posponer ningún tipo de capricho. Preferimos la satisfacción inmediata, y sacrificamos sin pensárnoslo el futuro en el altar de lo inmediato.

Nuevamente, hay que decir que los cristianos no somos ninguna excepción. En vez de poner interés en las cosas de arriba tendemos a ser esclavos de las cosas de este mundo. Es muy fácil dejarse absorber por las cosas temporales y dejar de lado lo que es eterno. Muchos creyentes malgastan sus fuerzas consumiendo y acumulando objetos que proporcionan, al menos eso parece, satisfacción inmediata. Sin embargo, todos esos —junto con el placer que producen— se convertirán, en última instancia, en nada. Esa es la razón por la cual se nos exhorta a que hagamos tesoros en el cielo, donde nunca podrán ser destruidos ni se estropearán. En vez de fijar la vista en ese «dulce porvenir», muchos cristianos se han enredado en el frenesí del aquí y el ahora.

Y lo que es peor, hay muchos predicadores mediáticos de la alta esfera que predican la prosperidad del evangelio y que han hecho que la gente tenga la terrible impresión de que eso es de lo que se trata, en definitiva, el evangelio. Este tipo de enseñanzas gozan de gran prestigio porque se amoldan al espíritu de nuestro tiempo: al deseo de querer tenerlo todo en la vida, y en el acto. Roberts Liardon pertenece a este movimiento, y es esta mentalidad de salud, prosperidad y dinero la que ha dado forma a su tergiversada visión del «cielo».

La iglesia, si no tiene *realmente* la mira puesta en el cielo, tiende a ser autoindulgente, egocentrista, débil y materialista. Las comodidades de nuestros días consumen la mayor parte de nuestros pensamientos, y si no tenemos cuidado acabamos inevitablemente inventando fantasías sobre el cielo o dejando de pensar en él.

La sección principal de este libro estará dedicada a estudiar en profundidad cómo describe la *Biblia* el cielo, los ángeles y la vida después de la muerte. Mis oraciones y mis esperanzas están puestas en que, a medida que examinemos con atención lo que las Escrituras dicen sobre el mundo espiritual, tanto vosotros como yo mismo tengamos la motivación de buscar «las cosas de arriba, donde está Cristo sentado a la diestra de Dios» (Col. 3:1).

EL CIELO ES ALGO INESTIMABLE

No hay nada más cierto que decir que todo lo verdaderamente precioso para los cristianos se encuentra en el cielo.

Allí está el *Padre*, por ello nos instó Jesús a orar «Padre nuestro que estás en los cielos, santificado sea tu nombre» (Mt. 6:9). *Jesús* en persona se encuentra sentado a la diestra de Dios. Hebreos 9:24 dice que «no entró Cristo en el santuario hecho de mano, figura del verdadero, sino en el cielo mismo para presentarse ahora por nosotros ante Dios». Así pues, nuestro Salvador está ahora en el cielo, desde donde intercede en favor nuestro (He. 7:25).

También se encuentran allí *muchos hermanos y hermanas en Cristo*. Hebreos 12:23 dice que al volvernos hacia Dios nos hemos acercado «a la congregación de los primogénitos que están escritos en los cielos, a Dios el Juez de todos, a los espíritus de los justos hechos perfectos».

Nuestros seres queridos en la fe están allí. Todos los creyentes del Antiguo y del Nuevo Testamento que hayan muerto se hallan en el cielo.

También nuestros *nombres* están allí. En Lucas 10:20 Cristo les dice a los discípulos, quienes estaban echando fuera demonios: «No os regocijéis de que los espíritus se os sujetan, sino regocijaos de que vuestros nombres están escritos en los cielos». Y, al decir que nuestros nombres están escritos en el cielo, Jesús nos asegura que también tenemos un título de propiedad; es decir, *nuestra herencia*. Primera de Pedro 1:4 indica que hemos renacido en Cristo «para una herencia incorruptible, incontaminada e inmarcesible, reservada en los cielos para vosotros».

Filipenses 3:10 nos asegura que «*Nuestra ciudadanía* está en los cielos». En otras palabras, que el cielo es el lugar al que pertenecemos. No somos más que «extranjeros y peregrinos sobre la tierra» (He. 11:13). Nuestra meta, pues, no debería ser acumular posesiones en este planeta. Nuestra verdadera riqueza —*nuestra recompensa eterna*— se encuentra en el cielo (Mt. 5:12). Jesús nos dice en Mateo 6:19-21 que el único tesoro que será nuestro durante toda la eternidad está allí.

O lo que es lo mismo, todo aquello que *deberíamos* amar perpetuamente, todo lo que rectamente apreciamos, todo lo que tiene un valor eterno está en el cielo.

De modo que la autoindulgencia y el materialismo dentro de la iglesia son inclinaciones espirituales especialmente destructivas. No en vano derriban todo aquello que la iglesia debería representar, alejan al creyente de su asidero celeste y le vuelven mundano.

La palabra *mundanalidad* casi suena a pasada de moda, ¿verdad que sí? Muchas personas consideran que suena a cascarrabias, a legalista y que resulta innecesariamente anticuada. Ya nuestros abuelos escuchaban mensajes sobre «el pecado de la mundanalidad». Creemos que *somos* demasiado modernos como para preocuparnos por semejantes pequeñeces. El verdadero problema radica en que las cosas celestiales no nos importan lo suficiente y, en consecuencia, no nos damos cuenta de hasta qué punto resulta perverso y pecaminoso ser prisionero de las terrenales.

Y esa es precisamente la esencia de la mundanalidad: supone tener el corazón puesto en las cosas de este mundo, desear el sistema de valores de este mundo y preocuparse por las inquietudes de este mundo. Las Escrituras lo llaman simple y llanamente «pecado», y el pecado es el peor de los azotes. Es una forma de adulterio espiritual que nos sitúa en contra de Dios: «¡Oh almas adúlteras! ¿No sabéis que la amistad del mundo es enemistad contra Dios? Cualquiera, pues, que quiera ser amigo del mundo, se constituye en enemigo de Dios» (Stg. 4:4).

Aunque parezca mentira, he oído decir a algunos cristianos que no quieren ir al cielo hasta que hayan disfrutado de todo lo que la vida les puede ofrecer. Cuando ya se hayan agotado todas las posibilidades de diversión en esta tierra o cuando la edad o las enfermedades les impidan seguir disfrutando, entonces, según ellos, ya estarán listos para ir al cielo. Hasta le piden a Dios: «Señor, no me lleves todavía al cielo, ¡que ni siquiera he estado en Hawai!»

Si vives de una manera que no persigue el amor por las cosas del cielo, nunca estarás preparado para ir al cielo. Primera de Juan capítulo 2 declara: «No améis al mundo, ni las cosas que están en el mundo. Si alguno ama al mundo, el amor del Padre no está en él.... El mundo pasa, y sus deseos; pero el que hace la voluntad de Dios permanece para siempre» (vv. 15, 17).

Algunas personas que dicen conocer a Cristo aman tanto al mundo en realidad que, sinceramente, habría que pensar seriamente si es posible que sean ciudadanos del cielo. Como dice un antiguo espiritual: «No todos lo que hablan del cielo acabarán yendo».

Desgraciadamente, también es cierto que no todos los que van a ir al cielo hablan de él. «Hermanos míos, esto no debe ser así» (Stg. 3:10). La certeza de ir al cielo tendría que llenarnos de un gozo y de una expectación tales que deberían elevar nuestros corazones por encima de este mundo efímero.

ESTE MUNDO NO ES MI HOGAR

Puede que una afirmación así resulte paradójica, pero el cielo debería ser el blanco de la visión del mundo de los cristianos. El uso de la expresión *visión del mundo* se ha extendido mucho durante aproximadamente los últimos cien años. Se emplea para describir entramado moral, filosófico y espiritual a través del cual interpretamos el mundo y todo lo que nos rodea. Todos tenemos nuestra *visión del mundo* (aunque no seamos conscientes de ello).

La visión del mundo de un cristiano, debería estar enfocada, por definición, hacia el cielo. Aunque hay quien se burlaría diciendo que no es más que «evasión de la realidad», lo cierto es que eso es precisamente lo que nos exhortan a hacer las Escrituras: «Poned la mira en las cosas de arriba, no en las de la tierra» (Col. 3:2). El apóstol Pablo fue quien escribió este mandato, y su enfoque de esta vida se puede tildar de muchas maneras, pero no de evasivo.

De hecho, Pablo ejemplifica a la perfección esa perspectiva recta y bíblica sobre el cielo y la tierra. Padeció persecuciones insufribles en este mundo, pero nunca perdió de vista el cielo. El Apóstol dice en 2 de Corintios 4:8-10: «Estamos atribulados en todo, mas no angustiados; en apuros, mas no desesperados; perseguidos, mas no desamparados; derribados, mas no destruidos; llevando en el cuerpo siempre por todas partes la muerte de Jesús, para que también la vida de Jesús se manifieste en nuestra carne mortal». Y en los versículos 16-17 añade: «Aunque este nuestro hombre exterior se va desgastando, el interior no obstante se renueva de día en día. Porque esta leve tribulación momentánea produce en nosotros un cada vez más excelente y eterno peso de gloria». En otro lugar le escribió a la iglesia de Roma lo siguiente: «Pues tengo por cierto que las aflicciones del tiempo presente no son comparables con la gloria venidera que en nosotros ha de manifestarse» (Ro. 8:18).

Pablo estaba expresando exactamente lo mismo que Pedro le dijo a los dispersos y perseguidos creyentes a los que escribió: que soportamos los sufrimientos de este mundo para llegar un día a disfrutar de la gloria celestial (1 P. 1:3-7). No importa lo que suframos en esta vida; nunca podrá compararse a la gloria de la vida venidera.

De modo que no buscamos *evadirnos* de esta vida soñando con el cielo, pero sí que llegamos a la conclusión de que podemos *soportar* esta vida gracias a la certeza del cielo. El cielo es eterno; la tierra efímera. Los que ponen la mirada en lo fugaz de esta vida son los que, en realidad, buscan evadirse, ya que intentan sin éxito evitar enfrentarse a la eternidad, y lo hacen escondiéndose en las pasajeras sombras de las cosas destinadas a perecer.

Lo irónico es que todo lo que podemos ver y tocar es menos real y menos perdurable que las cosas eternas del cielo, a las que podemos acceder únicamente a través de la fe. El apóstol Pablo escribió: «No mirando nosotros las cosas que se ven, sino las que no se ven; pues las cosas que se ven son temporales, pero las que no se ven son eternas. Porque sabemos que si nuestra morada terrestre, este tabernáculo, se deshiciere, tenemos de Dios un edificio, una casa no hecha de manos, eterna, en los cielos» (1 Co. 4:18—5:1).

Siempre me choca cuando me encuentro con alguien que vive en esta vida como si fuese una realidad eterna. No hay nada más obvio que la naturaleza pasajera de la vida humana. Demasiado pronto empieza a manifestarse que este tabernáculo terrestre que es el cuerpo humano se «deshace» a una edad muy temprana. Esta tienda que somos se empieza a caer a trozos. «En verdad, en esta *morada* gemimos» (2 Co. 5:2, LBLA). Además, «sabemos que toda la creación gime a una, y a una está con dolores de parto hasta ahora» (Ro. 8:22). No hay nada en este mundo que sea permanente. Y este hecho debería ser evidente para todo aquél que contemple la naturaleza de las cosas.

Muchas personas llegan a la errónea conclusión de que la brevedad de la vida es un buen motivo para el hedonismo desenfrenado. Después de todo, si en esta vida no hay nada más de lo que podemos ver y tocar aquí y ahora, ¿por qué no disfrutar al máximo? Una conocida marca de cerveza hasta utilizaba la brevedad de la vida para anunciar su producto: «Sólo se vive una vez, así que sácale a la vida el máximo partido». Una empresa de zapatos utiliza ahora un argumento parecido: «La vida es corta. Juega duro.» ¡Qué diferencia con el consejo que nos dio Jesús de aprovechar esta vida para hacer tesoros en el cielo!

Porque si la totalidad de la existencia humana se limitase a la vida en la tierra, nuestro vivir sería ciertamente una trágica experiencia. Como decía la famosa canción de Peggy Lee en los años 60: «Is That All There Is?» [¿No hay nada más?]:

¿No hay nada más?
¿No hay nada más?
Si no hay nada más,
Sigamos bailando juntos.
Bebamos hasta emborracharnos
Y sigamos bailando,
Si no hay nada más.

En tanto que cristianos, nos apena ver la futilidad y la desesperanza que contiene esta canción. Pero también debemos reconocer que la visión del mundo expresada en la canción es la única alternativa lógica al cristianismo. Si nuestra existencia es el producto de la nada y terminará siendo nada, toda la vida acaba, también, no valiendo nada. O, como dijo un escéptico, no somos más que protoplasma a la espera de convertirse en estiércol. De ser eso cierto, entonces sí que no habría razón alguna para no comer, beber y pasarlo bien únicamente, mientras esperamos que nos llegue el día.

Sin embargo, las Escrituras nos dicen que esta es la visión del mundo de un necio (Lc. 12:19-20). ¡La perspectiva de la eternidad resulta infinitamente mejor! En una ocasión leí, aunque no me acuerdo dónde, un relato sobre John Quincy Adams quien, al preguntársele cuando ya tenía cierta edad cómo se encontraba, respondió: «John Quincy Adams se encuentra muy bien, caballero, pero que muy bien. La casa en la que ha estado viviendo está vieja y en ruinas, y le ha llegado una notificación de parte de su hacedor diciendo que la tendrá que dejar pronto. Pero John Quincy Adams se encuentra muy bien, caballero, pero que muy bien».

Pablo explica que cuando el tabernáculo terrenal que es nuestro cuerpo se vaya, Dios nos dará una casa nueva y eterna en los cielos. Para completar lo que ya he dicho antes al citar a medias 2 de Corintios 5:2: «En esta morada gemimos, *anhelando ser vestidos con nuestra habitación celestial*» (LBLA, cursivas añadidas). En Romanos 8:23 se nos dice que en cielo serán redimidos hasta nuestros cuerpos decrépitos. Nuestro gemir se acabará cuando se nos revista del cuerpo celestial.

Sólo eso ya sería una buena razón para que dirigiésemos nuestras esperanzas e intereses hacia el cielo, ¿verdad? Mi amiga Joni Eareckson Tada, a la que tengo mucho aprecio, lo sabe tan bien como cualquier otro. Su cuerpo terreno quedó paralizado a excepción de la cabeza después de tirarse de cabeza, cuando aún era una adolescente, en aguas no lo suficientemente profundas. Desde que la conozco, siempre ha tenido el corazón orientado hacia el cielo. Se le nota cuando habla, cuando canta, cuando da charlas por la radio y cuando pinta. A menudo se tiene la impresión de que hablar con ella uno se acerca a uno de los extremos del cielo, de que casi puede verlo. Joni lo explica de la siguiente manera en su último libro, en el que trata de estos temas:

> A duras penas puedo creerlo todavía. Yo, que tengo los dedos engarrotados y torcidos, los músculos atrofiados, las rodillas deformes y que de hombros hacia abajo no tengo tacto, tendré un día un cuerpo nuevo, ligero, refulgente y vestido de justicia; poderoso y fascinante....
>
> Para mí resulta fácil «gozarme en la esperanza», como dice Romanos 12:12, y eso es exactamente lo que he venido haciendo en los últimos veinte y tantos años. La confianza que tengo en el cielo es tan grande y tan viva que ya llevo tiempo haciendo planes con mis amigos sobre todas las cosas divertidas

> que podremos hacer juntos cuando tengamos los cuerpos nuevos.... No me tomo esos planes a la ligera, estoy plenamente convencida de que un día se harán realidad.[8]

Las Escrituras no nos dicen si el apóstol Pablo, al tener la vista puesta en el cielo, hizo o no planes con algunas personas. Pero lo que sí queda patente es que sentía la misma y vívida expectación por llegar al cielo. Leamos de nuevo los primeros versículos de 2 de Corintios capítulo 5:

> *Porque sabemos que si nuestra morada terrestre, este tabernáculo, se deshiciere, tenemos de Dios un edificio, una casa no hecha de manos, eterna, en los cielos. Y por esto también gemimos, deseando ser revestidos de aquella nuestra habitación celestial; pues así seremos hallados vestidos, y no desnudos. Porque asimismo los que estamos en este tabernáculo gemimos con angustia; porque no quisiéramos ser desnudados, sino revestidos, para que lo mortal sea absorbido por la vida.*
>
> —*vv.* 1-4

Estando en este cuerpo gemimos porque el pecado, la enfermedad, el dolor y la muerte nos abruman. Y aun así, no queremos quedar desnudos. Es decir, que no ansiamos convertirnos en espíritus que carecen del cuerpo. Deseamos que tanto nuestros cuerpos como nuestros espíritus entren en la presencia de Dios. Este también es el plan de Dios.

Algunas personas tienen la idea de que el cielo es un lugar totalmente etéreo, espiritual e irreal. Se imaginan una existencia delicada en una dimensión espiritual paradisíaca. Pero esa no es la concepción bíblica del cielo. En el cielo tendremos cuerpos reales: renovados, glorificados, hechos a la imagen del cuerpo resucitado de Cristo (Fil. 3:21); *reales* y eternos, al igual que fue real el suyo (cp. Jn. 20:27). De hecho, yo ya he quedado para hacer «footing» con Joni Tada cuando me den mis nuevas rodillas glorificadas.

Pablo dice que «el que nos hizo para esto mismo es Dios, quien nos ha dado las arras del Espíritu» (2 Co. 5:5). La palabra griega de la que se ha traducido «arras» es *arrabon*, el mismo término empleado por Pablo en Efesios 1:14, también refiriéndose al Espíritu Santo. En griego moderno, uno de los significados de la palabra *arrabon* es el de «anillo de compromiso». En los tiempos del Nuevo Testamento se refería a una paga y señal o primer pago, es decir, dinero que se daba en prenda. Así pues, el Espíritu Santo es la garantía del compromiso de Dios hacia nosotros que hará que hasta nuestros cuerpos sean hechos nuevos e imperecederos en la gloria del cielo.

Pablo prosigue su argumentación y muestra cómo llevar a la práctica esta verdad: «Así que vivimos confiados siempre, sabiendo que entre tanto que estamos en el cuerpo, estamos ausentes del Señor (porque por fe andamos, no por vista); pero confiamos, y más quisiéramos estar ausentes del cuerpo, y presentes al Señor» (vv. 6-8). Este mundo no ejercía fascinación alguna sobre Pablo; el apóstol suspiraba por el que le aguardaba.

Sinceramente, ¿te es difícil admitir abiertamente que estos versículos expresan los deseos más profundos de tu corazón? Los creyentes solemos tender a asirnos fuertemente a este mundo porque es lo único que conocemos; porque nos resulta familiar, porque las personas a las que más queremos están aquí. Lo consideramos nuestro hogar con demasiada facilidad, y de ese modo nos vamos volviendo esclavos de esta vida. Pero cuando Pablo dice que quiere estar «presente al Señor», utiliza la palabra griega *endemeõ*, cuyo significado literal es «estar en el hogar». No hay lugar en el que estemos más «en el hogar» que cuando vivamos con el Señor al final de nuestra vida. Así es como lo entendió Pablo, y el saber que pertenecía al cielo fue lo que más le ayudó a soportar las dificultades de esta vida.

Deberíamos estar ansiosos de ser revestidos de nuestro cuerpo celeste. Deberíamos estar deseando dejar este cuerpo y vivir en presencia del Señor. También deberíamos ocuparnos más de la gloria de la eternidad que de las dificultades del presente.

¿QUÉ ES EL CIELO?

La versión *Reina-Valera* emplea la palabra *cielo* en 371 ocasiones y la palabra *cielos* en 341. La palabra hebrea que normalmente se traduce por cielo es *shamayim*, forma plural de un nombre que significa literalmente «las alturas». El término griego, por su parte es *ouranos* (esta palabra se utiliza para referirse al planeta Urano), y se refiere a aquello que está en alto o elevado. Tanto *shamayim* como *ouranos* se emplean de diversas maneras en las Escrituras para referirse a tres lugares diferentes. (Esto explica que en 2 de Corintios 12:2 Pablo hable de ser conducido «al *tercer* cielo»).

En primer lugar está *el cielo atmosférico*. Se trata, y valga la redundancia, del «cielo», es decir, de la troposfera, la parte de la atmósfera que contiene el aire respirable que cubre la tierra. Génesis 7:11-12 dice, por ejemplo: «Las cataratas de los cielos fueron abiertas, y hubo lluvia sobre la tierra cuarenta días y cuarenta noches». En este contexto, la palabra «cielos» se refiere al manto atmosférico que recubre el planeta, capa en la que tiene lugar el ciclo hidrológico. En el Salmo 147:8 se nos explica que Dios «es quien cubre de nubes los cielos». Se trata, pues, del primer cielo.

El segundo cielo es el *firmamento*, donde se encuentran las estrellas, la luna y los planetas. Las Escrituras utilizan el mismo término para referirse a esta región. Veamos, por ejemplo, qué dice Génesis capítulo 1:

> *Dijo luego Dios: Haya lumbreras en la expansión de los cielos para separar el día de la noche; y sirvan de señales para las estaciones, para días y años, y sean por lumbreras en la expansión de los cielos para alumbrar sobre la tierra. Y fue así. E hizo Dios las dos grandes lumbreras; la lumbrera mayor para que señorease en el día, y la lumbrera menor para que señorease en la noche; hizo también las estrellas. Y las puso Dios en la expansión de los cielos para alumbrar sobre la tierra.*
>
> —*vv.* 14-17

El tercer cielo, del que habla Pablo en 2 de Corintios capítulo 12, *es el cielo en el que vive Dios* junto con sus santos ángeles y los creyentes santos que ya han muerto. Los otros dos cielos pasarán (2 P. 3:10), pero éste permanecerá para siempre.

Casi es inevitable que alguien pregunte: si Dios es omnipresente, ¿cómo puede decir la Biblia que el cielo es su morada? ¿Cómo puede ser que un ser omnipresente habite *en algún lugar*? Salomón, al dedicar el templo de Jerusalén, oró diciendo: «He aquí que los cielos, los cielos de los cielos, no te pueden contener; ¿cuánto menos esta casa que yo he edificado?» (1 R. 8:27).

Resulta totalmente cierto que «los cielos, los cielos de los cielos» no pueden contener a Dios. Dios es omnipresente. No hay lugar que su presencia no alcance. El salmista expresó y exaltó así la omnipresencia de Dios: «Si en el Seol hiciere mi estrado, he aquí, allí estarás tú» (Sal. 139:8).

De manera que decir que Dios habita en el cielo no implica que esté recluido allí, pero sí que es su hogar, su centro de operaciones, su puesto de mando. Es el lugar en el que se encuentra su trono. Y es donde tiene lugar la más perfecta adoración de su nombre. Y en este sentido es en el que decimos que es su morada.

Esta identificación del cielo con la morada de Dios se produce a lo largo de todas las Escrituras. En el Antiguo Testamento, por ejemplo, Isaías escribe (Is. 57:15): «Porque así dijo el Alto y Sublime, el que habita la eternidad, y cuyo nombre es el Santo: Yo habito en la altura y la santidad.» Así que Dios declara específicamente que tiene un lugar de residencia real. En Isaías 63:15 se identifica dicho lugar: «Mira desde el cielo, contempla desde tu santa y gloriosa morada». Dice el Salmo 33:13-14: «Desde los cielos miró Jehová; vio a todos los hijos de los hombres; desde el lugar de su morada miró sobre todos los moradores de la tierra».

También en todo el Nuevo Testamento aparece la idea del cielo como morada de Dios. De hecho, es uno de los argumentos alrededor de los cuales gira el sermón del monte de Jesús. El Señor Jesús dijo: «Así alumbre vuestra luz delante de los hombres, para que vean vuestras buenas obras, y glorifiquen a *vuestro Padre que está en los cielos*» (Mt. 5:16). También exhortó a los que juraban a la ligera a que no lo hiciesen por el cielo, «porque es el trono de Dios» (v. 34). E instruyó a los que le escuchaban para que amasen a sus enemigos «para que seáis hijos de *vuestro Padre que está en los cielos*» (v. 45). Mateo 6:1 dice: «Guardaos de hacer vuestra justicia delante de los hombres, para ser vistos de ellos; de otra manera no tendréis recompensa *de vuestro Padre que está en los cielos*». Asimismo alecciona a sus discípulos para que oren así: «Padre nuestro que estás en los cielos...» (v. 9). Ya casi acabado el sermón, Jesús dice: «Pues si vosotros, siendo malos, sabéis dar buenas dádivas a vuestros hijos, ¿cuánto más vuestro Padre que está en los cielos dará buenas cosas a los que le pidan?» (7:11). Y «no todo el que me dice: Señor, Señor, entrará en el reino de los cielos, sino el que hace la voluntad de *mi Padre que está en los cielos*» (v. 21).

La misma frase está siempre implícita tanto en las predicaciones como en el ministerio privado de Jesús. Mateo 10:32-33 asegura: «A cualquiera, pues, que me confiese delante de los hombres, yo también le confesaré delante de *mi Padre que está en los cielos*. Y a cualquiera que me niegue delante de los hombres, yo también le negaré delante de *mi Padre que está en los cielos*». Mateo 12:50 dice: «Porque todo aquel que hace la voluntad *de mi Padre que está en los cielos*, ése es mi hermano, y hermana, y madre». Jesús le dijo a Pedro: «Bienaventurado eres, Simón, hijo de Jonás, porque no te lo reveló carne ni sangre, sino *mi*

Padre que está en los cielos» (Mt. 16:17). También comparó los creyentes a niños pequeños y advirtió a los adultos que no les causasen perjuicio alguno: «Mirad que no menospreciéis a uno de estos pequeños; porque os digo que sus ángeles en los cielos ven siempre el rostro de *mi Padre que está en los cielos»* (Mt. 18:10). Y añadió: «No es la voluntad de *vuestro Padre que está en los cielos*, que se pierda uno de estos pequeños» (v. 14). Y también: «Si dos de vosotros se pusieren de acuerdo en la tierra acerca de cualquiera cosa que pidieren, les será hecho *por mi Padre que está en los cielos»* (v. 19). Jesús se refirió constantemente a Dios como «mi Padre *que está en los cielos»*. (Las cursivas se han añadido a todos los versículos citados.)

Este concepto del cielo como morada de Dios también está implícito en las enseñanzas del Nuevo Testamento sobre la divinidad de Cristo, a quien se describe como «el pan de Dios ... que descendió del cielo» (Jn. 6:33). En la siguiente afirmación de Cristo sobre su divinidad también queda implícito: «He descendido del cielo, no para hacer mi voluntad, sino la voluntad del que me envió» (v. 38). También dice de sí mismo: «Yo soy el pan que descendió del cielo» (v. 41). Son bastantes las veces en que hace la misma declaración en el capítulo 6 de Juan (véase vv. 50-51, 58). Dichas manifestaciones fueron perfectamente interpretadas por la audiencia de Jesús como revelaciones directas en las que proclamaba ser Dios.

De hecho, el cielo se llegó a identificar tanto con Dios en la concepción judía que acabó convirtiéndose en un eufemismo para referirse a Dios mismo. Las personas temerosas de usar el nombre del Señor en vano substituyeron el nombre de Dios por la palabra *cielo*. Fue en tiempos intertestamentarios (los 400 años transcurridos entre los acontecimientos del Antiguo y del Nuevo Testamento) cuando el pueblo judío desarrolló un temor casi supersticioso a emplear el nombre de Dios. Creían que el pacto de Dios (Yahvéh o Jehová) era demasiado santo para ser pronunciado por labios humanos. Y así fue como empezaron a substituir el nombre de Dios por otras palabras, entre las que se hizo habitual «cielo». En tiempos del Nuevo Testamento esa práctica estaba tan extendida que los judíos interpretaban la mayor parte de referencias al cielo como referencias a Dios.

Por ejemplo, en vez de jurar por el nombre de Dios, lo hacían por el cielo. Y dado que el «cielo» no era sino un substituto para referirse a Dios mismo, Jesús subrayó que jurar por el cielo suponía *de facto* una violación del mandamiento de no tomar en vano el nombre de Dios.

Por ello dice Cristo en Mateo 23:22: «El que jura por el cielo, jura por el trono de Dios, y por aquel que está sentado en él». Así pues, la palabra *cielo* quería decir Dios mismo.

Este empleo de la palabra *cielo* es habitual en el Nuevo Testamento. Lucas se refiere al «reino de Dios»; sin embargo, Mateo, al dirigirse a una audiencia principalmente judía habla del «reino de los cielos» (cp. Lc. 8:10; Mt. 13:11). Podemos ver otro ejemplo de este uso de «cielo» como eufemismo referido a Dios en Lucas 15:18, donde el hijo pródigo, pensando lo que le diría a su padre, exclama: «Me levantaré e iré a mi padre, y le diré: Padre, he pecado contra el cielo y contra ti». Por supuesto, quería decir que había pecado *contra Dios*.

Aunque la palabra cielo se emplee a menudo en lugar de «Dios», no podemos concluir que las Escrituras pretendan equiparar a Dios con el cielo. *No* son términos sinónimos. Dios sobrepasa al cielo, ya que en el fondo, el *cielo* no es más que un *lugar*, el lugar donde Dios vive, el lugar donde los creyentes morarán, junto a Él, por toda la eternidad, el cielo de cielos, el tercer cielo.

EL REINO EN EL QUE DIOS GOBIERNA

Con ello no pretendemos decir que el cielo se vea sujeto a los parámetros habituales de tiempo y espacio. Hemos visto que las Escrituras enseñan claramente que el cielo es un lugar real que se puede ver y tocar y que está habitado por seres con cuerpos físicos. Afirmamos esta verdad de modo inequívoco.

Pero las Escrituras también revelan que el cielo es un reino que no está limitado por las dimensiones de altura, largura y anchura. El cielo, al parecer, sobrepasa las tres dimensiones del espacio. Cristo habla en el mensaje a la iglesia de Filadelfia, por ejemplo, del reino eterno como «la gran ciudad santa de Jerusalén, que descendía del cielo, de Dios» (Ap. 21:20). Se muestra cómo el cielo nuevo y la tierra nueva se unen para formar un gran reino conjunto. De este modo se nos revela el paraíso eterno como un admirable reino en el que se unen cielo y tierra de una manera tan gloriosa que va más allá de los límites de la imaginación humana y de las dimensiones terrestres.

Así, el cielo no se limita a un lugar concreto rodeado por unas fronteras que se pueden ver y medir; desborda los límites de las dimensiones espaciotemporales. Puede que esto sea, en parte, lo que las Escrituras pretenden decir al afirmar que Dios habita la eternidad (Is. 57:15). La morada de Dios (el cielo) no se halla sujeta a las limitaciones convencionales, a las dimensiones finitas. No tenemos por qué hacer conjeturas sobre *cómo* puede ser posible; basta con saber cómo describe la Biblia el cielo. Se trata de un lugar real habitado por seres físicos que vivirán para siempre en presencia de Dios; un reino que rebasa con creces la concepción finita de lo que es un «lugar».

El cielo también trasciende en otro sentido las dimensiones de espacio y tiempo a las que estamos acostumbrados. Según las Escrituras, la esfera espiritual en la que viven los verdaderos cristianos en esta tierra resulta un misterioso modelo del reino de Dios (en el que se dan todos los elementos del cielo mismo). El reino de los cielos se introduce en la vida de cada creyente y empieza a dirigirla en Cristo. Espiritualmente hablando, el cristiano se convierte en parte del cielo y goza de todos los derechos de dicha ciudadanía aquí, en esta vida.

Eso es exactamente lo que Pablo estaba diciendo cuando escribió: «Nuestra ciudadanía está en los cielos» (Fil. 3:20). Posicionalmente, los que creemos en Cristo ya estamos viviendo en el reino de Dios.

En Efesios 1:3 el apóstol Pablo dice que Dios «nos bendijo con toda bendición espiritual *en los lugares celestiales* en Cristo» (cursivas añadidas). De modo parecido, Efesios 2:5-6 apunta: «Aun estando nosotros muertos en pecados, [Dios] nos dio vida juntamente con Cristo ... y juntamente con él nos resucitó, y asimismo nos hizo sentar *en los lugares celestiales* con Cristo Jesús». Obsérvese que en ambos pasajes los verbos aparecen en pasado: Pablo se está refiriendo a una realidad que ya existe. Aún no estamos en el cielo corporalmente; sin embargo, nos encontramos sentados posicionalmente junto a Cristo en los lugares celestiales. Gracias a nuestra unión espiritual con Él hemos entrado a formar parte del reino celestial. Ya poseemos la vida eterna, y las riquezas espirituales también son nuestras en Jesucristo.

Cristo mismo predicó que el reino de los cielos se nos ha acercado (Mt. 4:17). Pero también les dijo a los que le preguntaban cuándo vendría el reino visible que «el reino de Dios no vendrá con advertencia, ni dirán: Helo aquí, o helo allí; porque he aquí el reino de Dios está entre vosotros» (Lc. 17:20-21).

Pensemos en lo siguiente: el cielo es el lugar en que la santidad, la comunión con Dios, el gozo, la paz, el amor y todas las demás virtudes se manifiestan en su máxima perfección. Pero todas esas cosas las sentimos también ahora, aunque sólo sea parcialmente. El Espíritu Santo produce en nosotros los frutos del «amor, gozo, paz, paciencia, benignidad, bondad, fe, mansedumbre, templanza» (Gá. 5:22-23); es decir, lo mismo que caracteriza al cielo. Además, tenemos a Dios viviendo en nosotros junto con sus mandamientos. Conocemos el gozo, la paz, la bondad y la bendición. Hemos entrado a formar parte de una nueva familia, de una nueva comunidad. Hemos dejado los dominios de la oscuridad para adentrarnos en los de la luz. Ya no estamos bajo el señorío de Satanás, sino bajo el de Dios en Cristo. Segunda de Corintios 5:17 dice que «si alguno está en Cristo, nueva criatura es; las cosas viejas pasaron; he aquí todas son hechas nuevas». Somos una nueva creación. A *eso* se refería Jesús al decir: «el reino de Dios está entre vosotros».

Cristo no estaba negando la realidad de un reino terrestre y visible en un sentido literal; son muchas las profecías del Antiguo y Nuevo Testamento en las que se afirma que ese reino físico existirá un día. Tampoco estaba sugiriendo que el cielo no fuese un *lugar* real. Simplemente estaba enseñando que el cielo está más allá de los límites espaciotemporales. Quería que la atención de los fariseos se centrase en los aspectos importantes del reino de los cielos, aspectos a los que ya tenemos acceso en esta tierra. El punto central del mensaje del evangelio es precisamente ese acceso inmediato al reino de los cielos. Esa es la razón de que se le llame a menudo el «evangelio del reino» (cp. Mt. 24:14).

Cuando Jesús enseñaba, exhortaba a las gentes a que entrasen en el reino (Lc. 13:24). A veces les invitaba a que aceptasen la salvación (Jn. 5:34); otras les hablaba de la herencia de la vida eterna (Mr. 10:30). Las tres expresiones aparecen en un mismo contexto en el pasaje que narra el encuentro con el joven rico, quien preguntó a Jesús: «¿Qué haré para *heredar la vida eterna*?» (Lc. 18:18). Al alejarse el joven sin haber creído, Jesús dijo: «¡Cuán difícilmente *entrarán en el cielo* los que tienen riquezas!» (v. 24). Entonces los discípulos, desconcertados por lo sucedido, preguntaron: «¿Quién, pues, podrá *ser salvo*?» (v. 26). Las tres frases hacen hincapié en los acontecimientos que tienen lugar cuando alguien se convierte. Cuando una persona pone su confianza en Cristo y obtiene la salvación, hereda la vida eterna y entra en el reino de Dios. Los creyentes se incorporan así al dominio de Dios; si no físicamente en el cielo, sí posicionalmente en los lugares celestes.

Así pues, aunque no vivamos físicamente en el cielo, nuestra ciudadanía espiritual pertenece al reino de los cielos. Por ello deberíamos ocuparnos de las cosas celestes.

LOS CORAZONES PUESTOS EN EL CIELO

Este el punto central del presente libro. Si no pretendiese más que refutar mitos humanos sobre el cielo podría haber llenado un libro entero con las impugnaciones bíblicas a visiones como las de Betty Eadie, Richard Eby, Roberts Liardon y un sinfín de fantasías por el estilo. Resulta crucial que nos demos cuenta de los peligros que entraña el enfoque gnóstico del cielo y que nos apartemos de él.

Pero no podemos quedarnos ahí. Debemos entender el concepto *bíblico* del cielo. Se nos ha dado el mandato de poner la mira en el cielo, de escudriñarlo del mismo modo que Abraham buscó la ciudad de Dios, de poner en él nuestro interés.

Ello implica que debemos purgar toda mundanalidad de nuestros corazones. Implica aprender a dejar de lado las preocupaciones de esta vida. Implica mirar hacia delante y vivir a la espera de una esperanza innegable y verdadera. Implica apartar la vista de lo mundano y lo finito y ponerla de una manera permanente en aquél que es la gloria del cielo.

Los que viven teniendo esta perspectiva celestial descubren la vida abundante que Dios nos ha preparado para esta tierra. Aunque parezca irónico, las personas cuyo objetivo son las comodidades en este mundo son las que más *in*cómodas viven. Como escribió el puritano Richard Baxter:

> No hay forma de pensar más gozosa que la celestial; tal es el modo más verdadero y más cercano de vivir una vida de sosiego, y sin ella no se puede sino vivir en desasosiego. ¿Puede el hombre acercarse al fuego sin calentarse o estar expuesto a la luz del sol y estar a oscuras? ¿Puede acaso tu corazón estar en el cielo y no sentir solaz? ... ¿Qué si no el vivir alejados del cielo podría hacer a estos cristianos tan gélidos y acongojados? ... ¡Oh, cristianos, despertad! ¡Creed, mucho más cálido que éste es el reino celestial![9]

Baxter continúa, diciendo:

> No hay mortal que más honre a Dios que aquel cuya conversación versa en el cielo; sin ello, profundamente le deshonramos. ¿Acaso no es desgracia para el padre que su hijo se alimente de cáscaras y se vista de harapos y que no ande en

> otra compañía que la de mendigos? ¿Qué pues será para nuestro Padre cuando los que nos hacemos llamar sus hijos hallamos sustento en la tierra y el abrigo de nuestras almas no es más que el desnudo atuendo de este mundo, cuando nuestros corazones hacen del polvo y el barro de este mundo sus más asiduos y familiares compañeros, nosotros que debiéramos estar siempre en presencia de nuestro Padre y ser llevados de su propio servicio? Ciertamente no conviene a la esposa de Cristo vivir entre gente ruin y esclava cuando puede tener, si sólo estuviere dispuesta, entrada diaria a la presencia de aquel que sostiene el cetro.[10]

La falta de relación con el cielo hace que el cristianismo se vuelva monótono y mundano. Dios, a través de su gracia, nos ha dejado saborear las delicias del mundo que ha de venir; sólo nuestra obstinación y rebeldía en tener la mirada puesta en este mundo nos hace estar anclados en las cosas mundanas. Dios ha pagado una paga y señal para nosotros en el cielo; ha transferido allí nuestra ciudadanía. Ya no somos «extranjeros ni advenedizos, sino conciudadanos de los santos, y miembros de la familia de Dios» (Ef. 2:19). Así que ya *no* podemos dejar de lado la gloria del cielo como si no tuviese valor alguno. Como dice Baxter, «nada hay en lo que valga más la pena fijar nuestros corazones.»[11]

Pocas verdades hay en la Biblia que liberen más nuestras almas que la que dice que «nuestra ciudadanía está en los cielos» (Fil. 3:20). Y allí es donde deberían estar nuestros corazones. Los afanes de este mundo no son más que trampas y pozos mortales. Jesús aseguró que «los afanes de este mundo, y el engaño de las riquezas, y las codicias de otras cosas, entran y ahogan la palabra, y se hace infructuosa» (Mr. 4:19). De modo parecido, el apóstol Juan escribe: «Todo lo que hay en el mundo, los deseos de la carne, los deseos de los ojos, y la vanagloria de la vida, no proviene del Padre, sino del mundo» (1 Jn. 2:16).

«Mas nosotros tenemos la mente de Cristo» (1 Co. 2:16). Podemos dirigir nuestros corazones hacia la gloria eterna del cielo, y no hacia las cosas de este mundo, ya que, inevitablemente, éstas acabarán convirtiéndose en nada (1 Jn. 2:16). Somos miembros de una nueva familia, nos hemos transformado en hijos de Dios (Jn. 1:12). Gálatas 4:26 dice que «la Jerusalén de arriba» es nuestra madre. Tenemos una nueva ciudadanía (Fil. 3:10), unos nuevos intereses (Col. 3:1), y un nuevo lugar en el que depositar nuestros tesoros (Mt. 6:19-20).

Y, lo mejor de todo, podemos experimentar el calor de la gloria del cielo aquí y ahora, con nuestros corazones ya en el cielo. Es como decir que la vida cristiana está pensada para ser como el cielo en la tierra. Los creyentes saboreamos normalmente las delicias del cielo al que algún día iremos y en el que viviremos para siempre. Los aspectos de la vida celeste de los que ya podemos disfrutar en esta tierra son el alabar y amar a Dios con todo nuestro ser, la adoración y la obediencia a Cristo, la búsqueda de la santidad, el deseo de tener comunión con otros santos, etc. Se trata de las mismas cosas que buscaremos por el resto de la eternidad, pero que ya podemos empezar a poner en práctica en esta vida.

CAPÍTULO
TRES

ASÍ SERÁ EL CIELO

La Cuarta Sinfonía de Gustav Malher se basa en un poema que describe el cielo desde el punto de vista de un niño. La verdad es que la música sí *parece* celestial. En el cuarto movimiento de la sinfonía una soprano canta, en alemán, el poema *«Das himmlische Leben»* (La vida celestial). La música tiene una belleza serena que puede llegar a conmover a los que la escuchen, aunque no entiendan alemán. Pero lo cierto es que la letra describe el cielo de una manera curiosa.

Para empezar, los habitantes de este cielo son voraces carnívoros. El poema presenta a Herodes como un sanguinario que mata confiadas ovejitas para que los que viven en el cielo puedan comer tanto como deseen. Y los bueyes son tan abundantes que el apóstol Lucas los degüella «sin ni siquiera pensárselo».

Los mismos versos también relatan cómo los habitantes del cielo brincan, saltan a la comba y cantan; pero, sobre todo, los presenta atiborrándose de una interminable cantidad de comida. Pedro pesca y Marta cocina los pescados. De este modo, la visión de un niño pasa a ser un nuevo «paraíso de tontos» en el que se consienten los apetitos terrenales.

Me sorprende la forma en que los no creyentes describen el cielo. En uno de los extremos del espectro se encuentra la idea de que el cielo está para satisfacer los deseos de la tierra. En el otro extremo está la cínica sospecha de que el cielo será insoportablemente monótono: la típica imagen de ángeles sentados en una nube y tocando el arpa. No sé si realmente alguien se imagina el cielo así, pero no tengo duda alguna de que mucha gente considera el cielo un lugar afable y aburrido en el que no hay nada interesante que hacer. Algunos aficionados al golf piensan que su juego favorito perderá todo el encanto en el cielo si la gente mete la pelota a la primera.

Un escéptico me dijo una vez: «Prefiero estar en el infierno con mis amigos que en cielo con toda esa gente de la iglesia». Una visión tan irrespetuosa y frívola del cielo no puede deberse más que a la falta de conocimiento de los horrores del infierno. Además, subestima de manera descarada las bendiciones del cielo.

Esta suposición tan extendida del cielo como un lugar de eterno aburrimiento refleja el pecaminoso modo de pensar del hombre. Como pecadores, tenemos tendencia a pensar que un pecado pequeño es mucho más divertido que la perfecta rectitud. Nos cuesta imaginar un sitio en el que todas las cosas carecerán por completo de pecado y que, aun así, estará lleno de inacabables placeres.

Pero así es como será precisamente el cielo. Allí nos regocijaremos en la gloria de Dios y nos daremos cuenta, por fin, de que nuestro propósito no es otro que el glorificar a Dios y *disfrutar de Él* para siempre. El salmista escribió: «En tu presencia hay plenitud de gozo; delicias a tu diestra para siempre» (Sal. 16:11).

Este tipo de pensamiento resulta insondable para las mentes finitas. Y a pesar de ello, la Biblia deja bien claro una y otra vez que el cielo es un lugar de un gozo insuperable, de gloria inmarcesible, de dicha inquebrantable, de delicias inacabables y placeres infinitos. No hay nada en él que pueda ser aburrido o rutinario. Será la existencia perfecta. Tendremos comunión inalterable con todos los habitantes del cielo. La vida allí carecerá de dolor, preocupaciones, llantos, temores y sufrimiento: «Enjugará Dios toda lágrima de los ojos de ellos; y ya no habrá muerte, ni habrá más llanto, ni clamor, ni dolor; porque las primeras cosas pasaron. Y el que estaba sentado en el trono dijo: He aquí, yo hago nuevas todas las cosas» (Ap. 21:4-5). La ley de Murphy se anulará por fin. En el cielo, todo lo que pueda ir mal no podrá ir mal.

La mejor de nuestras experiencias espirituales aquí en la tierra no es más que una muestra de las del cielo. La máxima altura espiritual a la que podamos llegar, el más profundo de nuestros regocijos y la más grande de las bendiciones espirituales serán algo normal en el cielo. Ahora vivimos en los lugares celestes, pero la gloria que experimentamos sólo es un aperitivo de lo por venir. Cuando consideremos que Cristo oró para que todos los que le habían conocido pasaran la eternidad a su lado en inquebrantable comunión (Jn. 17:24) los corazones se nos deberían colmar de gratitud y expectación.

El predicador de Eclesiastés dijo que es «mejor el día de la muerte que el día del nacimiento» (7:1). Con ello no hacía más que mostrarse cínico ante la frivolidad y futilidad de la vida en la tierra, aunque no por eso deja de ser verdad para los cristianos, en cierto sentido, que la muerte nos conduce a una gloria infinitamente mayor que la que nos deparó el nacimiento en este mundo. La confianza de que el cielo nos aguarda debería llenarnos de una esperanza gloriosa. Esto es lo que dijo Pablo: «Porque para mí el vivir es Cristo, y el morir es ganancia» (Fil. 1:21). La perspectiva del cielo le hacía sentir gozo aunque estuviese a las puertas de la muerte.

AUSENTES DEL CUERPO PERO PRESENTES AL SEÑOR

Pablo también dijo, refiriéndose a él mismo, que querría que estuviésemos «ausentes del cuerpo, y presentes al Señor» (2 Co. 5:8). No se trata de un pensamiento malsano por parte de un Pablo que desea la muerte. No estaba diciendo que estuviese harto de la vida y deseando morir. Por el contrario, estaba expresando su confianza en que la existencia en esta tierra no es, ni mucho menos, la totalidad de la vida de un cristiano. La muerte conduce inmediatamente al creyente a una esfera mucho más rica y elevada y con una vida de una enorme abundancia, una vida en presencia del Señor.

Si eres creyente y has confiado *únicamente* en Cristo para ser salvo, las Escrituras te prometen que en el momento que dejes esta vida irás a parar al cielo. Estar ausente del cuerpo significa estar en presencia del Señor. Dejar esta vida es estar «con Cristo» (Fil. 1:23). «Vivir es Cristo, y ... morir ganancia» (v. 21).

Tenemos necesidad de un corazón como el de Pablo, deseoso de ser revestido de un cuerpo celeste y de mudar este mundo efímero por la gloria eterna. Así, Pablo escribió: «Porque es necesario que esto corruptible se vista de incorrupción, y esto mortal se vista de inmortalidad» (1 Co. 15:53). Nuestra mortalidad será absorbida por una vida de una abundancia mucho mayor (2 Co. 5:4).

Es casi inevitable que alguien se haga una serie de preguntas como, por ejemplo, en qué estado estarán los creyentes que mueran en el período que va desde ahora hasta la consumación de los tiempos. ¿Tiene subdivisiones el cielo? ¿Donde fueron a parar los creyentes del Antiguo Testamento al morir? ¿Reciben un cuerpo provisional los creyentes que mueren en el que período que va entre ahora y la resurrección? ¿En qué consiste este estado intermedio? ¿Qué pasa con el purgatorio?

Algunos puntos de vista erróneos

Para responder a estas preguntas se han sugerido una serie de ideas a modo de especulación. Por ejemplo, por lo que respecta a la situación de los creyentes del Antiguo Testamento, algunas personas apuntan que en tiempos veterotestamentarios el hades (el reino de la muerte) estaba dividido en dos secciones: una para los impíos y otra para los justos. Sugieren que los santos de aquella época iban a parar al morir al «seno de Abraham» (cp. Lc. 16:22-23), una especie de depósito de almacenamiento de los justos. Según esta teoría, estos creyentes no fueron llevados al cielo hasta que Cristo conquistó la muerte al resucitar.

La mayor parte de esta hipótesis es pura conjetura con muy poco, o ningún, apoyo bíblico. Wilbur Smith escribe que «a pesar de que las Escrituras contienen abundantes datos sobre la resurrección de los creyentes y su vida en el cielo, a penas se refieren al estado en el que está el alma entre la muerte y la resurrección»[1]. La situación es así de sencilla: la Biblia no aporta casi información sobre este estado intermedio. Aun así, lo poco que se puede saber a partir de las Escrituras al respecto basta para desautorizar las teorías erróneas.

EL DORMIR DE LAS ALMAS. Hay muchas personas que creen que las almas de los creyentes muertos permanecen inconscientes hasta el día de la resurrección. Esta idea se encuentra en algunos escritos no canónicos de la iglesia primitiva. Sus defensores actuales más conocidos son los adventistas del séptimo día. Argumentan que la palabra «dormir» se emplea a menudo en la Biblia como sinónimo de muerte. Por ejemplo, Jesús le dijo a los discípulos: «Nuestro amigo Lázaro duerme; mas voy para despertarle» (Jn. 11:11). Por su parte, Pablo describió a los muertos en Cristo como «los que durmieron en él» (1 Ts. 4:14).

Sin embargo, «dormir» en este sentido se refiere al cuerpo, no al alma. Mateo menciona en su relato de la resurrección un gran terremoto en el que «se abrieron los sepulcros y muchos cuerpos de los santos que habían dormido, se levantaron» (Mt. 27:52). Así, al morir, lo que «duerme» es el *cuerpo*, no el alma. El cuerpo, desde que muere, reposa totalmente inconsciente y ajeno a cualquier sensación, a la espera de ser recobrado y resucitado a la perfección eterna que le ha de unir a un alma que ya se encuentra en el cielo. Pero el alma entra en la presencia misma del Señor. Pablo lo afirma una y otra vez en los versículos que he citado hace un momento al manifestar su deseo de estar ausente del cuerpo para poder estar presente «al Señor» (2 Co. 5:8; Fil. 1:23).

Las almas de los fallecidos reposan al morir, pero se trata de un reposo sin sufrimientos y contiendas, no de un reposo inconsciente. Al apóstol Juan se le mandó que escribiese: «Bienaventurados de aquí en adelante los muertos que mueren en el Señor. Sí, dice el Espíritu, descansarán de sus trabajos» (Ap. 14:13). Queda claro, sin embargo, que Juan no está describiendo un «descanso» sumido en un sueño inconsciente, ya que en la misma escena fue testigo de cómo las almas de los redimidos que estaban allí cantaban y alababan activamente a Dios (vv. 1-4).

Todo lo mencionado en las Escrituras acerca de la muerte de los creyentes indica que son conducidos inmediatamente a la presencia del Señor. En palabras de la Declaración de fe de Westminster: «Los cuerpos de los hombres tras la muerte regresan al polvo y se corrompen; las almas, empero, (que ni mueren ni duermen,) teniendo inmaterial existencia regresan inmediatamente al Dios que las formó. Entonces, las almas de los justos, hechas perfectas en santidad, son recibidas en el más alto de los cielos, donde contemplan la faz de Dios en gloria y luz, aguardando la total redención de sus cuerpos» (32.1).

PURGATORIO. La doctrina catolicoromana sobre el purgatorio no se menciona en ningún lugar de las Escrituras. Fue concebida como punto de apoyo para la negación de la Iglesia católica a aceptar la justificación únicamente por fe. Veamos por qué:

Las Escrituras enseñan claramente que para entrar en el cielo es del todo necesario ser *perfectamente* justo. Jesús dijo: «Porque os digo que si vuestra justicia no fuere mayor que la de los escribas y fariseos, no entraréis en el reino de los cielos» (Mt. 5:20). Y después añadió: «Sed, pues, vosotros perfectos, como vuestro Padre que está en los cielos es perfecto» (v. 48), y con ello puso el listón en el lugar más alto posible.

Pasado cierto tiempo en el ministerio del Señor, al acercársele el joven rico preguntando qué debía hacer para ir al cielo, Jesús volvió a poner el mismo listón de absoluta perfección. Empezó manifestando que «ninguno hay bueno sino uno» (Mt. 19:17); con ello no pretendía negar que poseyera Él la perfección sin pecado, simplemente afirmaba que tal perfección es imposible para la humanidad, dada su condición pecaminosa. Y, sin embargo, le dijo al joven rico que para obtener la vida eterna debía tener un «historial» de perfecta obediencia a la ley (vv. 17-21). Vez tras vez, Jesús puso el listón del ser justo a una altura imposible de alcanzar para aquellos que intentaban obtener el favor de Dios por sus propios méritos.

Está claro que el joven rico no entendía o no aceptaba su propia condición de pecador; le aseguró a Jesús que había cumplido la ley desde su juventud (v. 20).

Jesús aludió entonces sutilmente a la avaricia del joven, avaricia que quebrantaba el décimo mandamiento. Desde el principio de la conversación el Señor estaba azuzando al joven para que confesara que el único que es *bueno* es Dios. Pero el joven rico no estaba dispuesto a enfrentarse a su propio pecado, y al final se alejó sin haber alcanzado la salvación.

Los discípulos se maravillaron al ver lo que pasaba. El joven rico era, desde el punto de vista humano, una de las personas más justas que ellos conocían. Démonos cuenta de que nadie de entre ellos le discutió su obediencia a la ley. Al parecer, no debería haber ningún pecado en su vida que la gente pudiese señalar. Era el mejor entre los hombres. Por eso los discípulos se quedaron boquiabiertos cuando el joven se alejó sin recibir de parte de Jesús confirmación alguna de vida eterna. Todo lo contrario, lo que Jesús les dijo fue que «de cierto os digo, ... difícilmente entrará un rico en el reino de los cielos» (v. 23).

De nuevo estaba poniendo el listón a una altura inalcanzable. Estaba diciendo que la observancia más fatigosa de la ley no era suficiente. La justicia externa inmaculada no basta. Todas las ventajas que en este mundo puedan tener las riquezas no sirven de nada. Ante Dios sólo es aceptable *la perfección absoluta*. El Señor hacía hincapié continuamente en estas cosas porque quería que la gente fuese consciente de la total futilidad de intentar ser justo a través de las obras.

Los discípulos captaron el mensaje y le preguntaron: «¿Quién, pues, podrá ser salvo?» (v. 25).

A lo que Jesús respondió: «Para los hombres esto es imposible; mas para Dios todo es posible».

Sabemos, como se desprende de la exposición de Pablo en Romanos capítulo 4, que Dios salva a los creyentes *porque les transfiere los méritos de la perfecta justicia de Cristo*, pero en ningún momento lo hace basándose en la justicia de ellos. Dios acepta a los creyentes *en Cristo*, los reviste de la justicia perfecta de Jesús, los declara totalmente justos gracias a Cristo. Los pecados de los creyentes se le han inculpado a Jesús, quien ha sufrido el castigo con todas sus implicaciones. Ahora es su justicia lo que se le ha transferido a los creyentes, y éstos tienen todos los méritos necesarios. Este es el significado de la expresión «justificación por fe».

En pocas palabras, Dios no nos hace primero perfectos y luego nos acepta en virtud de esa perfección. *Primero* nos justifica transfiriéndonos una justicia que no es nuestra y *después* nos perfecciona conformándonos a la imagen de Cristo; Dios justifica lo impío (Ro. 4:5).

Pablo escribió: «Justificados, pues, por la fe, tenemos paz para con Dios por medio de nuestro Señor Jesucristo» (Ro. 5:1). Y también: «Ahora, pues, ninguna condenación hay para los que están en Cristo Jesús» (Ro. 8:1). Estos versículos describen nuestra justificación como algo que ya se ha producido; hablan en pasado. Jesús mismo describió la salvación como un acontecimiento inmediato cuando le dijo al publicano arrepentido que había sido salvado después de implorar la misericordia de Dios: «Este [hombre] descendió a su casa justificado» (Lc. 18:14). Así, la justificación es, para el creyente, un hecho que ya ha tenido lugar, no un proceso en curso. Nuestra aceptación por parte de Dios es total gracias a la justicia de Cristo, no a la nuestra.

La doctrina catolicoromana niega todo esto. El catolicismo predica que la salvación es un proceso continuo que depende del grado de justicia real y personal que alcancemos. De acuerdo con la enseñanza católica oficial, la transferencia de los méritos de Jesús no es suficiente para obtener la salvación, por lo que debemos obtenerlos nosotros por nuestra cuenta a través de los sacramentos y demás buenas obras. La justicia se introduce en nosotros, pero somos nosotros los que la debemos perfeccionar con esfuerzo. Según el modo de pensar católico, esta justicia real y personal que reside en nosotros es la base necesaria para la aceptación por parte de Dios. Nuestra justificación no se completa hasta que seamos perfectos. De este modo se invierte el orden y se sugiere que *en primer lugar* tenemos que ser perfectos, y que sólo *cuando lo seamos* tendremos total justificación.

Esta creencia católica nos pone en un obvio dilema. Demasiado bien sabemos que hasta los mejores cristianos distan mucho de ser perfectos. Nadie (la Iglesia Católica dice *casi* nadie) alcanza la perfección absoluta en esta vida. Y si la perfección es un requisito previo a nuestra entrada al cielo, parece lógico que nadie podrá entrar en él inmediatamente después de morir. Todas las imperfecciones que aún tengamos se deberán pulir antes de ir al cielo.

De manera que se hace necesaria la doctrina del purgatorio para resolver el dilema. Cuando se niega que la justificación viene sólo por la fe no se tiene otro remedio que idear un sistema a través del cual poder hacer la transición entre el estado imperfecto de esta vida y el estado de perfección del cielo. Para los católicos, la mayoría de las personas irán al purgatorio al morir para enmendar por fin todos sus pecados y obtener los méritos que les falten para tener acceso al cielo. El catolicismo enseña que la estancia en el purgatorio conllevará mucho dolor y sufrimiento.

Por extraño que pueda parecer, la doctrina de la Iglesia católica niega que la justicia de que nos reviste Cristo sea suficiente para salvar a los pecadores en esta vida, pero admite que esa justicia se pueda transferir de los pecadores vivos a los que están en el purgatorio. Así que encienden velas y rezan y dicen misa para los muertos y, supuestamente, esta justicia obtenida a través de los sacramentos sí se puede transferir a los que están en el purgatorio, con lo que se logra acortar su estancia allí.

La respuesta de la Biblia

Como he dicho antes, nada de esto viene en las Escrituras. Los sufrimientos de Cristo fueron del todo suficientes para expiar nuestros pecados. Nuestros sufrimientos propios nada pueden añadir a los méritos de Cristo. Como dice el autor de Hebreos, no hay sacrificio que baste para borrar los pecados fuera del de Cristo; si el sacrificio de Cristo no es suficiente, o si le damos la espalda voluntariamente, «ya no queda más sacrificio por los pecados, sino una horrenda expectación de juicio, y de hervor de fuego que ha de devorar a los adversarios» (He. 10:26-27).

Para ninguno de los creyentes puede haber condenación, ya que han sido del todo justificados. No hace falta ningún sufrimiento *post-mortem* para expiar los pecados que puedan quedar; la sangre de Cristo cubre *todos* nuestros pecados. No se necesita hacer ningún mérito más. Todos los creyentes podrán decir como el profeta Isaías: «En gran manera me gozaré en Jehová, mi alma se alegrará en mi Dios; porque me vistió con vestiduras de salvación, me rodeó de manto de justicia, como a novio me atavió, y como a novia adornada con sus joyas» (Is. 61:10).

Hay quien asegura que 1 de Corintios capítulo 3 habla del purgatorio, donde al creyente se le somete a un juicio de fuego para que purgue la suciedad del pecado. Pero te recomiendo que vuelvas a leer el texto: describe el juicio de las obras del creyente para ver si son «oro, plata, piedras preciosas» o «madera, heno, hojarasca» (v. 12). Lo que se discute es si nuestras obras resistirán o serán quemadas. Son las obras, y no los santos personalmente, lo que se someterá al fuego de la prueba. Se trata del juicio —escatológico— que se producirá en el futuro, y no de un estado continuo de purgado por el que pasan los creyentes en su camino hacia el cielo:

> *La obra de cada uno se hará manifiesta; porque el día la declarará, pues por el fuego será revelada; y la obra de cada uno cuál sea, el fuego la probará. Si permaneciere la obra de alguno que sobreedificó, recibirá recompensa. Si la obra de alguno se quemare, él sufrirá pérdida,* si bien él mismo será salvo, aunque así como por fuego.
>
> —*vv. 13-15;* énfasis añadido

Fijémonos de nuevo en que sólo las obras, y no los creyentes, deberán pasar por el fuego. Pero fijémonos también en que lo que está en juego es la recompensa, no la entrada en el cielo.

Todos los pasajes de la Biblia indican que la entrada del creyente en el cielo se produce inmediatamente después de la muerte. Examinemos algunos de los pasajes más representativos:

SALMO 16. Aquí nos encontramos con un salmista que se siente gozoso incluso al enfrentarse a la muerte: «Porque no dejarás mi alma en el Seol, ni permitirás que tu santo vea corrupción. Me mostrarás la senda de la vida; en tu presencia hay plenitud de gozo; delicias a tu diestra para siempre» (vv. 10-11). El autor experimentaba en vida que cuando dejase este mundo entraría en presencia de Dios, donde encontraría delicias y plenitud de gozo. No tenía miedo de los sufrimientos del purgatorio. Y su salmo no deja lugar a la idea del sueño de las almas.

SALMO 23. El último versículo de este conocido salmo dice: «Ciertamente el bien y la misericordia me seguirán todos los días de mi vida, y en la casa de Jehová moraré por largos días». David tenía la seguridad de que cuando la vida se hubiese acabado para él moraría en la casa del Señor para siempre (lo que sólo se puede referir al cielo). Pasa inmediatamente de un «todos los días de mi vida» a un «en la casa de Jehová moraré». El gozo que aquí expresa es el mismo que tenía Pablo: «Quisiéramos estar ausentes del cuerpo, y presentes al Señor» (2 Co. 5:8).

LUCAS 16. Cuando Lázaro el mendigo murió, Jesús dijo que «fue llevado por los ángeles al seno de Abraham» (v. 22). Como ya mencionamos anteriormente, algunas personas piensan que la expresión «seno de Abraham» se refiere a una especie de depósito de almacenamiento al que iban a parar los santos del Antiguo Testamento a la espera de ir al cielo. Yo creo que tanto Abraham como Lázaro estaban en presencia de Dios. En cualquier caso, lo que sí es cierto es que este relato de Lucas descarta tanto el purgatorio como el sueño de las almas.

Para aclarar un poco más la expresión «seno de Abraham» recurriremos a una expresión paralela que aparece en el capítulo 13 de Juan. Veamos un fragmento de la descripción del apóstol Juan de lo que ocurrió durante la última Pascua en el aposento alto: «Y uno de sus discípulos, al cual Jesús amaba, estaba recostado al lado de Abraham» (v. 23). La escena que se nos presenta tiene lugar alrededor de una mesa baja hacia la que se debían inclinar los comensales. Este discípulo al que se hace referencia (el mismo Juan que escribe, como se desprende de Jn. 21:20, 24) tenía la cabeza cerca del pecho de Jesús. En aquella época se colocaban de ese modo para poder conversar y tener una mano libre para ir comiendo.

Así que cuando Jesús asegura que Lázaro fue llevado al «seno de Abraham» lo que quiere decir es que aquel mendigo se encontraba reclinado frente a una mesa en la que se servía un banquete, en medio de una gozosa celebración y al lado de Abraham, padre de los fieles. Dicho de otro modo, Lázaro estaba en la posición de un invitado de honor. ¡Imaginemos por un momento el estupor de los fariseos al colocar Jesús a un vulgar vagabundo reclinado a la mesa junto al más grande de los padres de los judíos!

Una vez más, tengo el convencimiento de que se trata del cielo, y no de un estado intermedio. Las Escrituras nunca sugieren que los creyentes del Antiguo Testamento fuesen a parar a un lugar especial donde debían esperar a que Cristo viniese para llevarles a la gloria. Las pruebas más bien llegan a la conclusión contraria.

MATEO 17. Durante la transfiguración, por ejemplo, Moisés y Elías aparecieron al lado de Jesús (v. 3). Aunque la muerte y resurrección de Cristo aún no se habían producido, Moisés y Elías fueron llevados desde el reino de los santos ya muertos al Monte de la Transfiguración, donde hablaron con Jesús acerca «de su partida, que iba Jesús a cumplir en Jerusalén» (Lc. 9:31). Resulta obvio que no se les había enviado durante siglos a una zona intermedia y lejana del hades, puesto que su trato con Jesús era familiar e íntimo, compartían su gloria y estaban lo suficientemente al corriente de su obra en la tierra como para referirse a algunos detalles sobre lo que estaba a punto de hacer. Este pasaje es admirable, ya que es una ventana abierta a la intimidad de la relación que tendremos con Cristo durante toda la eternidad.

LUCAS 23. Este conocido pasaje describe el conmovedor episodio del arrepentimiento de uno de los ladrones crucificados al lado de Jesús. «Y dijo a Jesús: Acuérdate de mí cuando vengas en tu reino. Entonces Jesús le dijo: De cierto te digo que hoy estarás conmigo en el paraíso» (vv. 42-43).

La palabra «paraíso» es la misma que empleó el apóstol Pablo al referirse a su subida al tercer cielo, en 2 de Corintios 12:4. El término «paraíso» es un sinónimo de «cielo»; no puede ser una referencia al purgatorio. Y la promesa hecha al ladrón de que «*hoy* estarás conmigo en el paraíso» deja fuera de lugar tanto el purgatorio como la hipótesis del sueño de las almas.

Y es que, si de candidatos para ir al purgatorio se trata, el ladrón sería sin duda uno, ya que momentos antes había insultado a Jesús junto con el ladrón que no se arrepintió (Mr. 15:32). Su arrepentimiento fue un cambio de última hora, de cuando se encontraba, literalmente, en la agonía de la muerte. Y a pesar de ello, Jesús le prometió que se verían aquel mismo día en el paraíso.

EL CIELO DESDE EL PUNTO DE VISTA DE LA BIBLIA

Las Escrituras contienen numerosas descripciones del cielo. Algunas de ellas se nos explican utilizando un lenguaje apocalíptico o profético, lleno de simbolismo y misterio. El simbolismo apocalíptico de la Biblia siempre implica que se está hablando de algún aspecto de importancia capital. No caigamos en el error de pensar que el lenguaje simbólico conlleva el que se esté tratando de algo irreal. Como ya se ha dejado claro, la Biblia atestigua que el cielo es un lugar real. Y todas las descripciones del cielo, hasta las más apocalípticas, se refieren a un lugar real.

La rueda de Ezequiel

Una de las descripciones más impresionantes del cielo que hay en la Biblia se encuentra en el libro de Ezequiel. Ezequiel fue transportado de un modo extraordinario al corazón mismo del cielo a través de una visión, y relata con todo detalle cómo es el cielo y el trono de Dios.

Esto es lo que dice Ezequiel 1:4-28 (LBLA):

> *Miré, y he aquí que un viento huracanado venía del norte, una gran nube con fuego fulgurante y un resplandor a su alrededor, y en su centro, algo como metal refulgente en medio del fuego. En su centro había figuras semejantes a cuatro seres vivientes. Y este era su aspecto: tenían forma humana. Tenía cada uno cuatro caras, y cuatro alas cada uno de ellos. Sus piernas eran rectas, y la planta de sus pies era como la planta de la pezuña del ternero, y brillaban como bronce bruñido. Bajo sus alas, a sus cuatro lados, tenían manos humanas. En cuanto a las alas y las caras de los cuatro, sus alas se tocaban una a la otra y sus caras no se volvían cuando andaban; cada uno iba de frente hacia adelante. Y la forma de sus caras era como la cara de un hombre; los cuatro tenían cara de león a la derecha y cara de toro a la izquierda, y los cuatro tenían cara de águila; así eran sus caras. Sus alas se extendían por encima; con dos se tocaban uno a otro y con dos cubrían su cuerpo. Y cada uno iba de frente hacia adelante; adondequiera que iba el espíritu, iban ellos, sin volverse cuando andaban. En medio de los seres vivientes había algo que parecía carbones encendidos en llamas, como antorchas que se lanzaban de un lado a otro entre los seres vivientes. El fuego resplandecía, y del fuego salían rayos. Y los seres vivientes corrían de un lado a otro como el fulgor del relámpago. Miré a los seres vivientes, y he aquí había una rueda en la tierra junto a cada uno de los seres vivientes de cuatro caras. El aspecto de las ruedas y su obra era como el brillo del crisólito, y las cuatro tenían la misma forma, su aspecto y su hechura era como si una rueda estuviera dentro de la otra rueda. Cuando andaban, se movían en las cuatro direcciones, sin volverse cuando andaban. Sus aros eran altos e imponentes, y los aros de las cuatro estaban llenos de ojos alrededor. Y cuando los seres vivientes andaban, las ruedas se movían con ellos. Y cuando los seres vivientes se levantaban*

de la tierra, las ruedas también se levantaban. Y adondequiera que iba el espíritu, iban ellos en esa dirección. Y las ruedas se levantaban juntamente con ellos; porque el espíritu de los seres vivientes estaba en las ruedas. Sobre las cabezas de los seres vivientes había algo semejante a un firmamento con el brillo deslumbrante de un cristal, extendido por encima de sus cabezas. Y oí el ruido de sus alas cuando andaban, como el estruendo de muchas aguas, como la voz del Todopoderoso, un ruido de tumulto como el ruido de un campamento militar; cuando se detenían, bajaban sus alas. También hubo un ruido por encima del firmamento que había sobre sus cabezas; cuando se detenían, bajaban sus alas. Y sobre el firmamento que estaba por encima de sus cabezas había algo semejante a un trono, de aspecto como piedra de zafiro; y en lo que se asemejaba a un trono, sobre él, en lo más alto, había una figura con apariencia de hombre. Entonces vi en lo que parecían sus lomos y hacia arriba, algo como metal refulgente que lucía como fuego dentro de ella en derredor, y en lo que parecían sus lomos y hacia abajo vi algo como fuego, y había un resplandor a su alrededor. Como el aspecto del arco iris que aparece en un día lluvioso, así era el aspecto del resplandor en derredor. Tal era el aspecto de la semejanza de la gloria del SEÑOR. *Cuando lo vi; caí rostro en tierra y oí una voz que hablaba.*

Esta es la descripción de Ezequiel del trono de Dios en el cielo. No podemos entender del todo lo que describía, pero él tampoco lo comprendía. Sin embargo, por inspiración del Espíritu Santo y dentro de las limitaciones del lenguaje y de la inteligencia humanos, intentó describir lo que vio: luz deslumbrante reflejada en joyas brillantes y ruedas llenas de luz que se desplazaban junto con los seres angélicos («los seres vivientes»). Sobre el trono del eterno y glorioso Dios vio un centelleante y resplandeciente arco iris que se movía, brillante, alrededor de éste.

¿Cómo interpretamos todo este simbolismo? Algunas personas se afanan en encontrar algún significado a cada uno de los detalles de la visión de Ezequiel. (Una de las fuentes que he consultado, por ejemplo, da la siguiente explicación de la caras de las criaturas angélicas: El león implica majestad y poder, el hombre representa la inteligencia y la voluntad, el toro la paciencia al servir y el águila la prontitud en el juicio). Sin embargo, debemos ser cuidadosos y no dejarnos llevar por las interpretaciones de unos símbolos que no se nos han explicado. No se trata de un mensaje secreto que hay que descifrar, sino de una imagen que intenta expresar la soberanía, la majestad y la gloria de Dios, y la increíble belleza, simetría y perfección de su cielo. Aunque es imposible interpretar los detalles con exactitud, *sí podemos* entender que el objetivo de Ezequiel era dar una idea de la gloria del cielo. Las ruedas que se movían a la par, los relámpagos, las centelleantes joyas, el brillante resplandor . . . todo representa la gloria de Dios.

Así, aunque la imagen que nos presenta Ezequiel sea imposible de entender, sí podemos quedarnos con la idea principal: el cielo es un lugar de una gloria inexpresable.

El Apocalipsis de Juan

La visión del cielo de Juan se nos describe con todo lujo de detalles en el libro del Apocalipsis. La palabra griega traducida por «cielo» aparece en más de cincuenta ocasiones en el libro. A Dios se le llama dos veces «Dios del cielo» (11:13; 16:11). El libro está escrito en su totalidad desde una perspectiva celeste, aunque tiene que ver, en su mayor parte, con acontecimientos que se producen en la tierra.

Existen numerosos y sorprendentes paralelismos entre la visión de Juan y la de Ezequiel. El relato del apóstol es más completo, por supuesto, pero se puede asimilar a la gran belleza con la que escribió Ezequiel. En el capítulo 4, por ejemplo, Juan explica cómo fue llevado al cielo: «Después de esto miré al cielo, y he aquí una puerta abierta en el cielo; y la primera voz que oí, como de trompeta, hablando conmigo, dijo: Sube acá, y yo te mostraré cosas que sucederán después de éstas. Y al instante yo estaba en el Espíritu; y he aquí, un trono establecido en el cielo, y en el trono, uno sentado» (vv. 1-2).

Recordemos que Ezequiel acabó su visión del cielo con una descripción del trono de Dios y de la inexpresable gloria del cielo. Ahora, Juan *empieza* describiendo ese mismo trono. En el pasaje se hace mención al trono en repetidas ocasiones, lo que lo convierte en el centro del cielo y el epicentro de la presencia de Dios; del trono de Dios emana toda la gloria del cielo.

El versículo 3 dice: «Y el aspecto del que estaba sentado era semejante a la piedra de jaspe». El jaspe es una variedad cristalizada del cuarzo, opaca y translúcida cuyas tonalidades varían, si bien son principalmente verdosas (aunque es posible que el jaspe de la antigüedad fuera un mineral transparente). El versículo 3 añade que Dios era también como «cornalina». Hay quien asegura que a cornalina, mineral rojo, representa a Dios como redentor que ofreció su sangre en sacrificio, lo que pone de relieve la gloria del carácter redentor de Dios. La cornalina, o piedra sárdica, y el jaspe eran asimismo la primera y la última de las doce piedras del pectoral del sumo sacerdote (Éx. 28:17, 20).

No se puede pasar por alto el hecho de que tanto Ezequiel como Juan están describiendo una escena de una gloria que quita la respiración y de una belleza deslumbrante que rebasa los límites del lenguaje humano. Juan, como Ezequiel, nos presenta una gran imagen que muestra el cielo como un reino de una indescriptible gloria. Pero, como ya hemos visto antes, no debemos dejarnos llevar por el deseo de buscar significados a los símbolos hasta el punto de alejarnos de la conclusión más obvia.

El lenguaje no basta para describir la gloria divina; por ello, Juan debe emplear las comparaciones con las piedras preciosas para reflejar de algún modo la inconcebible belleza de la gloria celeste. Las joyas que menciona representan las imágenes más imponentes y gloriosas que era capaz de concebir; recurre a ellas para intentar explicar lo que ve. Pero no olvidemos que está intentando poner en palabras una gloria que sobrepasa, con mucho, la de cualquier joya que pueda haber en la tierra. Si te cuesta imaginar la escena no te preocupes; de hecho, Juan intenta describirnos a propósito una imagen que rebasa nuestra imaginación.

De modo muy parecido al de Ezequiel, Juan continua diciendo: «Y había alrededor del trono un arco iris, semejante en aspecto a la esmeralda ... Y del trono salían relámpagos y truenos y voces» (vv. 3-5). De nuevo, las imágenes se nos presentan para infundir en nosotros temor y asombro. Reflejan una gloria, un poder y una majestad inconmensurables.

Los relámpagos y los truenos nos recuerdan otra escena de las Escrituras: la del Monte Sinaí, cuando Dios bajó del cielo para dar las tablas de la ley a los judíos, quienes vieron la gloria divina en forma de relámpagos y truenos (Éx. 19:16). El lenguaje utilizado intenta describir lo indescriptible, intenta transmitir una sensación de temor que rebasa el temor humano.

Juan continúa con su descripción de la escena que tiene lugar alrededor del trono y nos aporta un detalle que no deberíamos pasar por alto: «Y delante del trono ardían siete lámparas de fuego, las cuales son los siete espíritus de Dios» (v. 5).

Muchas personas se confunden con este versículo. No está diciendo que haya siete Espíritus Santos; el apóstol Pablo lo deja bien claro en 1 de Corintios 12:4: «Hay diversidad de dones, pero el Espíritu es el mismo» (cp. v. 11) y en Efesios 4:4: «[Hay] un cuerpo, y *un* Espíritu» (cursivas añadidas; cp. Ef. 2:18). Así que no se puede tratar de una referencia a siete espíritus distintos de Dios. Por supuesto, esta idea iría en contra de la enseñanza de las Escrituras, las cuales siempre se refieren al Espíritu Santo como una sola persona.

La expresión «siete espíritus» se debería entender, por lo tanto, como un símbolo apocalíptico. El apóstol Juan lo relaciona con las siete lámparas, que a su vez evocan los candeleros de las iglesias que aparecen en Apocalipsis capítulos 2 y 3. Y éstos, a su vez, parecen guardar alguna relación con las siete lamparillas del primer tabernáculo (cp. Éx. 25:31-37), lamparillas que, de hecho, sostenían *un único* candelero. De modo que la imagen que transmiten las siete lámparas es la de un menorah séptuple. La referencia a los «siete espíritus» debería interpretarse como una alusión al único, aunque «séptuple» Espíritu de Dios.

¿Qué puede querer decir que el Espíritu es «séptuple»? Podría tratarse de una referencia, en conexión con lo que se acaba de explicar en los capítulos 2 y 3 del Apocalipsis, a la soberanía del Espíritu sobre las siete iglesias. También podría ser una alusión a Isaías 11:2, donde se dice del Espíritu: «El Espíritu de (1) Jehová; espíritu de (2) sabiduría y de (3) inteligencia, espíritu de (4) consejo y de (5) poder, espíritu de (6) conocimiento y de (7) temor de Jehová». Sea lo que sea que signifique, lo que seguro no indica es que haya más de «un Espíritu» por el cual nos bauticemos para formar parte del cuerpo de Cristo (1 Co. 12:13), ya que una afirmación así iría en contra del resto de la Biblia (véanse también Ef. 2:18; Jn. 14:16-17).

Leamos de nuevo Apocalipsis capítulo 4. El versículo 6 dice: «Y delante del trono había como un mar de vidrio semejante al cristal». Imaginemos por un momento la belleza de la escena: ¡un arco iris de colores brillantes y un mar de cristal del que brotan rayos de colores intensos: esmeralda, cornalina y jaspe!

Como ya hemos mencionado, todo este colorido, la luz y el cristal reflejan el esplendor y la majestad del trono de Dios. Pero este tipo de imágenes no son nuevas en las Escrituras. En Éxodo 24 podemos leer lo siguiente: «Y subieron Moisés y Aarón, Nadab y Abiú, y setenta de los ancianos de Israel; y vieron al Dios de Israel; y había debajo de sus pies como un embaldosado de zafiro, semejante al cielo cuando está sereno» (vv. 9-10). La centelleante e intensa luz de la gloria de Dios queda reflejada en el transparente, inmaculado, brillante y refulgente mar de vidrio. Fijémonos en cómo se describe el mar de cristal en Éxodo capítulo 24: «Embaldosado de zafiro», posiblemente a causa del color que de él salía reflejado. Los dos pasajes hablan de la extraordinaria pureza («semejante al cristal», «cielo ... sereno») de dicho mar. Ezequiel lo describió como algo «a manera de cristal maravilloso» (1:22). Una vez más, el cielo se nos presenta como un lugar de una belleza inimaginable, donde hasta el más pequeño de los detalles está pensado para proyectar la gloria divina.

Toda esta insistencia en la belleza y la claridad refleja que el cielo no es un reino de sombras y vapor. En ninguno de los pasajes bíblicos aparece referencia alguna a esos túneles interminables y oscuros que se mencionan en relatos como los de Betty Eadie (véase capítulo 1). Más bien sucede lo contrario, ¡todo se nos describe en términos de luz, belleza y claridad!

Aunque el apóstol Juan también nos da detalles sobre otros seres que habitan en el cielo, en ningún momento se aparta del eje de su narración: la gloria de Dios. Así, los veinticuatro tronos de los «ancianos» —que sin duda representan la totalidad del cuerpo de la iglesia redimida— rodean el trono de Dios (Ap. 4:4) y las cuatro criaturas de las que habla el versículo 6 también se sitúan alrededor del trono (se trata, indudablemente, de una alusión a los seres angélicos, posiblemente a los querubines). De manera que alrededor del trono se encuentran el ejército angélico y la iglesia, y en el trono Dios mismo en toda la gloria de su majestuosa revelación.

No deja de llamar la atención que sólo en el libro del Apocalipsis se haga mención al trono de Dios en treinta y nueve ocasiones. Toda la actividad del cielo se centra en él, y todos los accesorios del cielo reflejan la gloria que de él emana.

¿HAY O NO HAY UN TEMPLO EN EL CIELO?

En la antigüedad, los dos edificios más importantes de una capital imperial eran el palacio y el templo. Representaban la autoridad civil y espiritual. En el cielo, el hecho de que el trono divino se encuentre en el centro pone de relieve que Dios es soberano y digno de ser adorado. El cielo, en su totalidad, es su palacio y su templo.

En Apocalipsis 3:12 Cristo dice: «Al que venciere [en los escritos del apóstol Juan, esta expresión se utiliza para referirse a los verdaderos creyentes, véanse pp. 91-92], yo lo haré columna en el templo de mi Dios, y nunca más saldrá de allí». Uno de los venticuatro ancianos de Apocalipsis 7:15 le dice a Juan, refiriéndose a los santos que han sobrevivido a la Gran Tribulación: «Por esto están delante del trono de Dios, y le sirven día y noche en su templo; y el que está sentado sobre el trono extenderá su tabernáculo sobre ellos».

La enseñanza de estos versículos es que los cristianos servirán a Dios en el templo celestial por toda la eternidad. Pero hay más pasajes que corroboran la existencia de un templo en el cielo. Apocalipsis 11:19, por ejemplo, habla del «templo de Dios ... en el cielo» y del «arca de su pacto ... en el templo». Posteriormente, el Apóstol se refiere al «[en el cielo] ... templo del tabernáculo del testimonio». Todos estos ejemplos dejan bien claro que en el cielo hay un templo.

Sin embargo, en Apocalipsis 21:22 el apóstol Juan dice al describir la nueva Jerusalén: «Y no vi en ella templo; porque el Señor Dios Todopoderoso es el templo de ella, y el Cordero». Algunos estudiosos, en un intento de reconciliar Apocalipsis 21:22 con el resto del libro, sugieren que *en la actualidad* sí hay templo en el cielo, pero que cuando Dios forme los cielos nuevos y la tierra nueva ya no habrá *ninguno*. Pero dicha explicación parece alejarse de la conclusión más obvia que se desprende del relato de Juan: que el templo de Dios no es un edificio, sino el Señor Todopoderoso en persona. Esto es lo que queda implícito en Apocalipsis 7:15 cuando el Apóstol escribe: «Y el que está sentado sobre el trono extenderá su tabernáculo sobre ellos». También en Apocalipsis 21:23, siguiendo con esta idea de la inexistencia del templo, se dice: «La ciudad no tiene necesidad de sol ni de luna que brillen en ella; porque la gloria de Dios la ilumina, y el Cordero es su lumbrera».

En otras palabras, la gloria de Dios ilumina el cielo y lo convierte en un templo. Se podría decir que todo el cielo es un templo y que la gloria de la presencia de Dios lo impregna. O, como escribe el apóstol Juan: «El Señor Dios Todopoderoso *es* el templo de ella, y el Cordero» (v. 22).

La malinterpretación de las descripciones del Apóstol ha llevado a considerar el cielo como un lugar aburrido y monótono. Después de todo, ¿quién quiere ser una columna de un templo del que nunca se podrá salir (cp. Ap. 3:12)? Pero no vayamos a pasar por alto el punto principal del pasaje. Lo que se quiere resaltar no es que nos vayamos a convertir en columnas inamovibles de un templo, sino que entraremos sin límite alguno en la presencia del Señor, en su propia dimensión, y que nunca más nos alejaremos *de Él*. No olvidemos que *Él* es el templo del que nosotros seremos las columnas. Esta imagen tiene muchas reminiscencias; recuerda la promesa de Jesús: «Os tomaré a mí mismo, para que donde yo estoy, vosotros también estéis» (Jn. 14:3) y la más grande esperanza del apóstol Pablo: «Y así estaremos siempre con el Señor» (1 Ts. 4:17). El hogar de Dios será el nuestro por el resto de los días.

Tengamos en mente que tanto Ezequiel como el apóstol Juan están tratando de describir lo indescriptible. Aunque Dios les hubiese revelado todos los detalles sobre el cielo, los humanos no hubiésemos sido capaces de entenderlos, porque el cielo no tiene nada que ver con lo que conocemos. No obstante, Pablo, en Efesios capítulo 2, aporta algunos datos nuevos sobre el cielo desde una perspectiva ligeramente diferente. Describe nuestra dependencia absoluta en Dios para poder ser salvos diciendo que estábamos muertos en nuestros delitos y pecados (v. 1) y que por naturaleza somos hijos de ira (v. 3). Después pasa a describir la misericordia y el amor de Dios hacia los hombres, los cuales le llevaron a perdonarnos los pecados. Sólo el pensar que Dios extendió su gracia para salvarnos, cuando merecíamos lo contrario, ya debería colmarnos de agradecimiento y humildad.

Centrémonos ahora en lo que dice Pablo en Efesios 2:7: que Dios nos salvó «para mostrarnos en los siglos venideros las abundantes riquezas de su gracia en su bondad para con nosotros en Cristo Jesús». Este versículo no satisfará la curiosidad de las personas ansiosas de saber *cómo* es el cielo, pero contiene una intensa descripción de en *qué* consistirá el cielo: será un lugar donde las riquezas de la gracia de Dios brillarán con más intensidad todavía que aquí en la tierra. Eso es lo que me hace tener más ganas de ir al cielo, porque en el cielo Dios derramará eternamente su bondad sobre sus hijos amados.

Párate un momento y piensa al respecto. Todas las cosas buenas que conocemos aquí en la tierra son producto de la gracia de Dios (cp. Stg. 1:17). Los que conocemos a Cristo iremos al cielo precisamente con este propósito: para que Dios pueda poner ante nosotros las infinitas riquezas y ungirnos para siempre con su bondad. ¿No te hace preferir, en tu corazón, las riquezas celestiales a los míseros placeres de esta tierra?

CAPÍTULO
CUATRO

LA NUEVA JERUSALÉN

El cielo eterno será diferente del cielo en el que ahora habita Dios. Como ya hemos visto en el capítulo 2, en la consumación de los tiempos Dios renovará los cielos y la tierra. Fundirá su cielo con un nuevo universo para crear la morada perfecta que habrá de ser para siempre nuestro hogar. Dicho de otro modo, el cielo, el reino en el que Dios mora, se expandirá hasta abarcar la totalidad del universo creado, y todo ello se convertirá en un dominio perfecto y glorioso apto para albergar la gloria del cielo. El apóstol Pedro describió esta situación como la esperanza de todos los que hemos sido redimidos: «Nosotros esperamos, según sus promesas, cielos nuevos y tierra nueva, en los cuales mora la justicia» (2 P. 3:13).

Incluso los justos del Antiguo Testamento tenían la esperanza puesta en esto. Sabemos que Canaán era la tierra prometida en este mundo para la nación de Israel. Y sin embargo, en Hebreos capítulo 11 se nos dice que Abraham, a quien se le hizo la promesa en principio, tenía en realidad el corazón puesto en un lugar que iba más allá de una simple tierra prometida. «Por la fe habitó como extranjero en la tierra prometida como en tierra ajena, morando en tiendas con Isaac y Jacob, coherederos de la misma promesa; porque esperaba la ciudad que tiene fundamentos, cuyo arquitecto y constructor es Dios» (vv. 9-10). Abraham tenía la mirada puesta en lo eterno, no en lo terrenal. Se convirtió en un nómada de esta vida y quiso buscar por fe su lugar de residencia permanente: la ciudad eterna de Dios en el mundo que ha de manifestarse.

El Antiguo Testamento profetiza que la tierra y los cielos sufrirán profundos cambios que los convertirán en la morada de los santos para toda la eternidad. El Salmo 102:25-26 nos muestra cómo Dios renueva nuestro universo como si de ropa vieja se tratase: «Desde el principio tú fundaste la tierra, y los cielos son la obra de tus manos. Ellos perecerán, mas tú permanecerás; y todos ellos como una vestidura se envejecerán; como un vestido los mudarás, y serán mudados.» (Es muy interesante ver cómo Hebreos 1:10-12 cita este pasaje, poniéndolo en boca del Padre, quien a su vez se refiere al Hijo. Resulta una de las pruebas más claras de la deidad eterna de Jesús.)

Queda claro que, desde siempre, el plan de Dios ha sido la restauración de los cielos y la tierra. Esta es la maravillosa promesa que transmitió a su pueblo a través de los profetas del Antiguo Testamento. Dios mismo dice, en Isaías 65:17-19:

> *Porque he aquí yo crearé nuevos cielos y nueva tierra; y de lo primero no habrá memoria, ni más vendrá al pensamiento. Mas os gozaréis y os alegraréis para siempre en las cosas que yo he creado; porque he aquí que yo traigo a Jerusalén alegría, y a su pueblo gozo. Y me alegraré con Jerusalén, y me gozaré con mi pueblo; y nunca más se oirán en ella voz de lloro, ni voz de clamor.*

De este modo establece Dios que cambiará los actuales cielos y la tierra de tal manera que darán lugar a una nueva y total creación. Fijémonos en que, en el nuevo universo, la nueva Jerusalén será el centro de todas las cosas. Los cielos nuevos y la tierra nueva serán tan gloriosos que harán que los anteriores parezcan insignificantes («de lo primero no habrá memoria, ni más vendrá al pensamiento», v. 17). En el siguiente capítulo y en el último de la profecía de Isaías el Señor promete que los nuevos cielos y la nueva tierra permanecerán para siempre, al igual que los santos de Dios: «Porque como los cielos nuevos y la nueva tierra que yo hago permanecerán delante de mí, dice Jehová, así permanecerá vuestra descendencia y vuestro nombre» (66:22).

En Apocalipsis capítulo 21 el apóstol Juan describe lo que acaba siendo una explicación detallada de la promesa que aparece en Isaías. El apóstol relata su visión sobre la consumación de los tiempos. En este capítulo aparece la descripción más detallada de toda la Biblia sobre los cielos nuevos y la tierra nueva así como sobre su capital, la Ciudad Santa, la nueva Jerusalén. Lo que en Isaías aparece como un microcosmos embrionario se transforma, en el final del Apocalipsis, en un mundo mucho más complejo.

Este es el contexto: la batalla del Armagedón ya ha tenido lugar (Ap. 19), el reino milenial de Cristo en la tierra ha terminado y en el gran juicio del trono blanco Dios ha sentenciado a Satanás y a todos los impíos al eterno infierno (20:11-15). Será entonces cuando la totalidad del universo se deshará («el primer cielo y la primera tierra pasaron,» 21:1) y todo lo que conocemos será hecho perfecto. El mal desaparecerá del mundo. La muerte, el pecado y la tristeza y el dolor se disiparán por completo. Los nuevos cielos y la tierra nueva remplazarán los antiguos y se transformarán en el glorioso reino en el que habitarán para siempre los hijos de Dios.

EL VIEJO UNIVERSO DESAPARECERÁ

Antes de que analicemos detenidamente la visión del cielo del capítulo 21 de Apocalipsis, examinemos el proceso por el cual se destruirá el mundo actual para que todas las cosas sean hechas nuevas. El apóstol Pedro lo explica con detalle en un conocido pasaje que vale la pena estudiar.

Esto es lo que escribe Pedro: «Sabiendo primero esto, que en los postreros días vendrán burladores, andando según sus propias concupiscencias, y diciendo: ¿Dónde está la promesa de su advenimiento? Porque desde el día en que los padres durmieron, todas las cosas permanecen así como desde el principio de la creación» (2 P. 3:3-4). Estos versículos pronostican una época de apostasía y apatía espiritual en un tiempo en que prevalecerán la incredulidad y el escepticismo. Lo que Pedro escribe refleja en buena medida el escepticismo y la burla de nuestros días. Sin duda habrás escuchado a personas escépticas que aseguran que si Jesús no ha regresado después de dos milenios es porque no va a volver nunca. (Que es algo parecido a pensar que si no me he muerto aún es porque no me voy a morir.)

Este escepticismo al que se refiere Pedro incide de forma especial sobre el juicio del final de los tiempos. Este desprecio se basa en una creencia parecida a la que los geólogos llaman *uniformismo*, teoría según la cual todos los fenómenos naturales se han producido de manera uniforme desde el principio de la tierra. (El uniformismo sirve como base a las teorías más aceptadas sobre la evolución.) Sin embargo, el uniformismo que más se burla es el metafísico. Los defensores de dicha teoría insinúan que Dios (si es que llegan a tenerle en consideración en algún momento) ha desaparecido de escena. Dicen que «todo lo que podemos observar son fenómenos naturales. «La tierra ha girado, la lluvia ha caído, el sol ha brillado y el ciclo del agua se ha producido desde que se registra la historia. No hay razón para creer que no vaya a seguir sucediendo, lentamente, para siempre y, por supuesto, no hay razón para pensar que todo será destruido a escala cósmica como consecuencia de algún tipo de juicio divino».

La seguridad que demuestran es falsa y arrogante. Pedro continúa diciendo que «estos ignoran voluntariamente, que en el tiempo antiguo fueron hechos por la palabra de Dios los cielos, y también la tierra, que proviene del agua y por el agua subsiste, por lo cual el mundo de entonces pereció anegado en agua» (vv. 5-6). Los que dicen que en la tierra no ha habido cataclismo alguno provocado por Dios olvidan (mejor dicho, rechazan *voluntariamente*) la revelación de Dios sobre el diluvio, que Dios utilizó para destruir por entero la raza humana (a excepción de Noé y su familia), del cual hay pruebas geológicas abundantes.

Pedro menciona de la tierra que fue «surgida del agua y establecida entre las aguas» (v. 5 LBLA). Muchas personas creen que, antes del diluvio, la tierra estaba recubierta de una capa de agua o de vapor de agua que la protegía de los rayos ultravioletas del sol (cp. Gn. 1:7). Gracias a dicha protección florecieron las plantas y vivieron durante siglos tanto hombres como animales. (Esto explicaría por qué, inmediatamente después del diluvio, la edad de las personas que aparecen en las genealogías bíblicas menguó tan acusadamente. La catástrofe redujo drásticamente la esperanza de vida en la tierra). Parece evidente que la misma protección de que gozaba la tierra se convirtió en el instrumento de su castigo, ya que se rompió e inundó la tierra.

Según las Escrituras, el diluvio ha sido la única catástrofe de carácter planetario hasta nuestros días. La situación desde entonces *ha sido* más o menos la misma, exceptuando el hecho de que hasta Jesús dijese que el juicio era inminente *ya* en su tiempo (cp. Mt. 3:2, 10-12).

Pedro dice que nadie debería malinterpretar la espera en la venida de Dios como síntoma de apatía, infidelidad o dejadez. En primer lugar, porque el tiempo no significa nada para Dios. No hay diferencia para Él entre mil años y un día. Lo que era inminente para Jesús hace dos mil años sigue siendo inminente hoy.

Mucho más importante que todo ello es que Dios retrasa su castigo debido a su gracia: «Mas, oh amados, no ignoréis esto: que con el Señor un día es como mil años, y mil años como un día. El Señor no retarda su promesa, como algunos la tienen por tardanza, sino que es paciente para con nosotros, no queriendo que ninguno perezca, sino que todos procedan al arrepentimiento» (2 P. 3:8-9).

«Bueno es Jehová para con todos, y sus misericordias sobre todas sus obras» (Sal. 145:9). No olvidemos que, después del diluvio, Dios prometió no volver a destruir la tierra de la misma manera (Gn. 9:12-16), y confirmó su pacto mediante el arco iris. Lo que ahora está demostrando no es su ira, sino su gracia.

Sin embargo, no deberíamos atrevernos a pensar que su gracia invalida el día de su ira. La ira vendrá cuando el día del Señor se desate. Pedro nos recuerda que, del mismo modo que «el mundo de entonces pereció anegado en agua», *este* mundo también padecerá el cataclismo de la destrucción: «Los cielos y la tierra que existen ahora, están reservados por la misma palabra, guardados para el fuego en el día del juicio y de la perdición de los hombres impíos» (2 P. 3:6-7).

Así que esta vez será el fuego y no el agua, un fuego como nunca han conocido los seres humanos: «El día del Señor vendrá como ladrón en la noche; en el cual los cielos pasarán con grande estruendo, y los elementos ardiendo serán deshechos, y la tierra y las obras que en ella hay serán quemadas» (v. 10). La ciencia atómica nos ha demostrado que una destrucción así sí es posible. Al desintegrar los átomos, el hombre le abrió las puertas a una destrucción inimaginable: una reacción en cadena de explosiones nucleares podría literalmente barrer el planeta. Además, la tierra tiene un potencial tremendo por lo que al fuego se refiere. Vivimos en la corteza de una bola de fuego; la mayor parte de los casi trece mil kilómetros [ocho mil millas] de diámetro de la tierra está formada de fuego candente. El centro de la tierra es un llameante e hirviente lago por fuego líquido que sale a través de los cráteres de los volcanes cuando se acerca demasiado a la corteza.

Sin embargo, el fuego del que habla el apóstol Pedro no lo provoca una simple bomba nuclear. Los cielos desaparecerán con estruendo y los elementos se desharán a causa del ardiente calor; todo lo que conocemos se carbonizará en un instante. Se trata de la culminación de un período escatológico conocido como «el día del Señor», un período que siempre aparece unido en las Escrituras al derramamiento de la ira y el castigo de Dios. El fin de todas las cosas vendrá por la destrucción instantánea y llameante del universo. ¡Será la «descreación» de las cosas! El esfuerzo del más ferviente defensor del medio ambiente no servirá para preservar el planeta, porque la tierra es temporal, desechable y recambiable.

Toda la explicación de Pedro resulta increíblemente práctica: «Puesto que todas estas cosas han de ser deshechas, ¡cómo no debéis vosotros andar en santa y piadosa manera de vivir, esperando y apresurándoos para la venida del día de Dios, en el cual los cielos, encendiéndose, serán deshechos, y los elementos, siendo quemados, se fundirán! (2 P. 3:11-12). La respuesta es obvia: si todo en esta vida va a perecer, debemos poner los corazones en lo imperecedero. Como hizo Abraham, padre de los fieles, tenemos que poner las esperanzas en una ciudad más perdurable, una ciudad cuyo arquitecto es Dios y que nunca será destruida. Pedro concluye diciendo: «Pero nosotros esperamos, según sus promesas, cielos nuevos y tierra nueva, en los cuales mora la justicia» (v. 13).

Pero hasta este último y gran juicio de Dios tiene como fin mostrar su gracia, ya que sólo después de él dejará el mundo de estar bajo la maldición del pecado (cp. Ro. 8:19-22).

CIELO NUEVO Y TIERRA NUEVA

Volvamos ahora a Apocalipsis 21 para obtener una descripción bíblica de «un cielo nuevo y una tierra nueva; porque el primer cielo y la primera tierra pasaron» (v. 1). La palabra griega traducida por «nuevo» (*kainos*) hace hincapié en que la tierra que Dios creará no sólo será «nueva» como antónimo de «vieja», sino que también será *diferente*. Pablo utiliza el mismo término griego en 2 de Corintios 5:17: «Si alguno está en Cristo, nueva criatura es». Se trata de un cambio de naturaleza. Los cielos nuevos y la tierra nueva, del mismo modo que nuestra nueva existencia en Cristo, serán glorificados eternamente y quedarán exentos de la maldición del pecado.

La Biblia no nos dice qué aspecto tendrá la nueva tierra, pero tenemos razones para pensar que será parecida a la de ahora. En ella estará Jerusalén; eso sí, la Nueva Jerusalén. La descripción de Juan se centra en la ciudad santa, llena de calles, muros y puertas. También menciona una montaña alta, agua, un río y árboles. Pero lo mejor de la ciudad es que estará habitada por el pueblo de Dios: personas reales a las que conoceremos y con las que estaremos en eterna comunión.

Todas las cosas hechas nuevas

No obstante, la tierra nueva también resultará muy diferente, desconocida. Por ejemplo, Juan dice que «el mar ya no existía más» (Ap.

21:1). Por lo pronto, esa ya es una gran diferencia, porque la tierra actual está cubierta principalmente de agua. Algunos estudiosos de la Biblia piensan que se trata de una manera de enfatizar la supresión de la fronteras terrestres. También hay quien piensa que como en la antigüedad el mar simbolizaba el miedo, la ausencia del mismo implica la ausencia del temor. Es posible que ambas afirmaciones sean verdaderas. En el cielo nuevo y la tierra nueva no habrá nada que nos cause temor, nada que nos separe de las demás personas. La única fuente de agua que se menciona en el libro del Apocalipsis es «un río limpio de agua de vida, resplandeciente como cristal, que salía del trono de Dios y del Cordero» (Ap. 22:1). Este cristalino río recorre la calle principal del cielo (v. 2).

En Apocalipsis 21:3-7 se describen las principales características de los cielos nuevos y la tierra nueva:

> *Y oí una gran voz del cielo que decía: He aquí el tabernáculo de Dios con los hombres, y él morará con ellos; y ellos serán su pueblo, y Dios mismo estará con ellos como su Dios. Enjugará Dios toda lágrima de los ojos de ellos; y ya no habrá más muerte, ni habrá más llanto, ni clamor, ni dolor; porque las primeras cosas pasaron. Y el que estaba sentado en el trono dijo: He aquí yo hago nuevas todas las cosas. Y me dijo: Escribe; porque estas palabras son fieles y verdaderas. Y me dijo: Hecho está. Yo soy el Alfa y la Omega, el principio y el fin. Al que tuviere sed, yo le daré gratuitamente de la fuente del agua de la vida. El que venciere heredará todas las cosas, y yo seré su Dios, y él será mi hijo.*

En este pasaje las Escrituras prometen que el nuevo cielo será un lugar de una dicha perfecta. Las lágrimas, el clamor y el dolor estarán fuera de lugar en los cielos nuevos y la tierra nueva, que serán un paraíso en el que el pueblo de Dios habitará eternamente junto a Dios, totalmente libre de todas las consecuencias del pecado y la maldad. Se nos muestra cómo Dios secará personalmente las lágrimas de los ojos de los redimidos.

El cielo es un reino que ha conquistado para siempre a la muerte (1 Co. 15:26). Allí no hay enfermedad, ni hambre, ni problemas, ni desgracias. Para nuestras mentes es algo ciertamente difícil de imaginar, puesto que no hemos conocido más que esta vida pecaminosa, llena de calamidades.

¿Cómo puede ser perfecto el cielo si existe el infierno?

Muchas personas se preguntan cómo van a poder soportar la eternidad sabiendo que algunos de sus seres queridos aquí en la tierra no van a estar con ellos. ¿Y qué pasa con los hijos perdidos de muchos padres, hijos que se han apartado de Dios y han muerto en inmoralidad e incredulidad? ¿Cómo puede el cielo ser perfecto para ellos? ¿Qué va a suceder con los hijos cuyos padres han muerto en pecado y sin conocer al Señor? ¿Cómo podrán superar el dolor de la separación eterna? ¿Y qué me dices de una viuda que llega a la presencia del Señor después de que el marido a quien quería haya muerto siendo incrédulo? ¿Cómo puede ser el cielo un lugar de dicha eterna si no hay esperanza alguna de reunirse con estos seres queridos?

Las Escrituras no dan respuestas concretas a todas esas preguntas. Algunas personas apuntan que nuestros recuerdos sobre las personas con las que nos hemos relacionado en la tierra se diluirán en la gloria del cielo. En la Biblia se encuentran ciertos pasajes que podrían dar a entender eso. Por ejemplo, en el capítulo 65 de Isaías, donde se describen los cielos nuevos y la tierra nueva, Dios dice: «Yo crearé nuevos cielos y nueva tierra; *y de lo primero no habrá más memoria, ni más vendrá al pensamiento*» (v. 17, cursivas añadidas). Pero esto tampoco quiere decir que vayamos a olvidar todo lo relacionado con la vida en la tierra y con las personas a las que hemos tratado. Después de todo, la relación con muchas de esas personas va a continuar eternamente. Además, estaremos toda la eternidad rememorando la manera en que Cristo nos ha redimido. Y ya que nuestra redención a través de la obra de Cristo se produjo *en la tierra*, sería imposible que olvidásemos todos los detalles sobre las situaciones y las personas de la tierra.

Sin embargo, hay que decir que en el cielo gozaremos de una comprensión mucho clara de los acontecimientos. Ahora vemos las cosas como a través de un espejo oscurecido, pero en el cielo las veremos cara a cara (1 Co. 13:12). Todas las relaciones y las amistades que hemos mantenido en la tierra serán superadas por otras mucho más satisfactorias y perfectas. Del mismo modo que Dios promete ser padre de los huérfanos aquí en la tierra (Sal. 68:5), en el cielo llenará, personalmente, el vacío dejado por las relaciones terrenales que se hayan roto de una manera mucho más perfecta, porque nuestros sentimientos y deseos no estarán afectados por las consecuencias de los pecados que hemos cometido. Allí entenderemos mejor la justicia perfecta de Dios y le glorificaremos por todos los detalles de su plan eterno, incluyendo el tratamiento dado a los impíos. Los versículos finales de la profecía de Isaías indican que la destrucción de los impíos acabará siendo algo por lo que adoraremos a Dios (Is. 66:11-24). La existencia del infierno no ensombrecerá la gloria del cielo ni alterará en lo más mínimo su dicha.

La Biblia no dice nada respecto a la influencia que todo esto tendrá sobre las mentes de los redimidos. Tan sólo se nos promete que Dios mismo secará las lágrimas y pondrá en nosotros un gozo supremo e imperecedero y «delicias ... para siempre» (Sal. 16:11). Por el momento, baste con saber que podemos confiar sin reservas en la infinita bondad, compasión y misericordia de Dios.

Pero fijémonos en que cuando Dios dice que hará todas las cosas nuevas le dice al apóstol Juan que escriba también el siguiente mensaje: «Escribe: porque estas palabras son fieles y verdaderas» (Ap. 21:5), como si pretendiese añadir a las promesas un signo de admiración. Los que realmente conocemos al Señor sabemos que podemos confiar en Él incluso en las preguntas sin respuesta. *Todas* sus palabras son fieles y verdaderas, así que cuando Dios promete que va a hacer todas las cosas nuevas podemos aferrarnos a esa promesa a pesar de nuestra impotencia a la hora de saber cómo se van a resolver las dificultades. El cielo será absolutamente perfecto, al margen de lo difícil que nos pueda parecer entenderlo ahora.

Otra cosa queda clara: a Dios no se le puede echar en cara la falta de misericordia o de bondad, aun cuando algunas personas vayan a morir por toda la eternidad. No se le puede culpar por la destrucción de esas personas, porque Él ofrece libremente el agua de la vida a quien tenga sed (v. 6). Las personas que le dan la espalda a Dios lo hacen voluntariamente.

Vencedores

Hay una promesa más para los redimidos. Dios dice: «El que venciere heredará todas las cosas, y yo seré su Dios, y él será mi hijo» (Ap. 21:7). Dios elevará a los redimidos a una posición de un privilegio inimaginable, y les otorgará una heredad que estará más allá de lo que podamos mesurar en la tierra.

La expresión «el que venciere» incluye a *todos* los redimidos. En el cielo no habrá división entre los cristianos «vencedores» y los «vencidos», aunque haya personas que nos lo quieran hacer creer. ¡Hasta hay quien apoya la creencia de que «las tinieblas de afuera» de las que habla Mateo 8:12 (donde «será el lloro y el crujir de dientes») son una parte del cielo reservada a los creyentes *no* vencedores![1] Desde el punto de vista de este escritor, los cristianos vencedores son «una clase distinta de cristianos que logra perseverar.»[2] Los que no han vencido son expulsados, según él, a las regiones exteriores del cielo, donde no podrán participar de sus bendiciones. Nada más lejos de lo que dice la Biblia.

Según las Escrituras, no existen los creyentes verdaderos que no perseveren en la fe, ya que Dios mismo promete ocuparse de nosotros; somos «guardados por el poder de Dios mediante la fe» (1 P. 1:5). Por ello, todos los cristianos verdaderos seremos, en última instancia, «vencedores». Los que se apartan de la fe demuestran que nunca estuvieron realmente con Cristo (1 Jn. 2:19). A esta doctrina se la llama «perseverancia de los santos.»[3]

En los escritos de Juan son habituales las expresiones como «el que venciere». El apóstol emplea la palabra «vencedor» como un sinónimo de «creyente»; así de simple. Según la definición de Juan, todos los cristianos son «vencedores» al final de sus vidas. Se refiere tanto a jóvenes y a adultos en la fe como a los que «habéis *vencido* al maligno» (1 Jn. 2:13-14, cursivas añadidas), y advierte a todos los creyentes acerca del espíritu del anticristo, diciendo: «Hijitos, vosotros sois de Dios, y *los habéis vencido*; porque mayor es el que está en vosotros, que el que está en el mundo» (4:4, cursivas añadidas). Y para dejar del todo claro que se refiere a *todos* los creyentes cuando dice «vencedores», añade: «Porque todo lo que es nacido de Dios vence al mundo; y esta es la victoria que ha vencido al mundo, nuestra fe. ¿Quién es el que vence al mundo, sino el que cree que Jesús es el Hijo de Dios?» (5:2-5). Por lo tanto, no puede haber, en el sentido al que nos hemos referido, un creyente que no sea también un vencedor. Esta equiparación entre creyentes y «vencedores» también aparece en las cartas de Cristo a las iglesias (cp. Ap. 2:7, 11, 17, 26; 3:5, 12, 21).

Si hijos, también herederos

Cuando Dios dice que «el que venciere heredará todas las cosas», está haciéndole una promesa a los creyentes: que Él será nuestro Dios y nosotros seremos sus hijos. El cielo será nuestro hogar, y los creyentes moraremos allí no como simples invitados, sino gozando de todos los privilegios de ser miembros de la familia, hijos del señor de la casa.

El estudio de los pasajes de la Biblia que se refieren a nuestra herencia podría, por sí solo, llenar un libro entero. Las Escrituras nos enseñan que los creyentes somos hijos de Dios (Jn. 1:12), «y si hijos, también herederos; herederos con Dios y coherederos con Cristo» (Ro. 8:17).

No nos debe sorprender que aquellos que piensan que el cielo está dividido entre «vencedores» y cristianos «del montón» sugieran a menudo que sólo los vencedores podrán compartir la herencia del reino. Los que se queden en «las tinieblas de afuera» serán los desheredados, los expulsados de la casa del Padre y del banquete de Dios, los relegados a una existencia secundaria en el reino de lo eterno, aquellos a los que no se permitirá acceder a la presencia misma de Dios.[4] ¡Curiosa (y totalmente antibíblica) visión del cielo que acaba nada menos convirtiendo la herencia del creyente en algo basado en las obras realizadas![5] La idea de que alguien pueda llegar al cielo y permanecer en esa especie de «limbo», privado de toda herencia, no tiene absolutamente nada que ver con lo que las Escrituras dicen del cielo.

Por supuesto, existen pasajes que indican que habrá diferentes grados honoríficos en el cielo. Por ejemplo, la parábola de Lucas 19:16-19 nos presenta a un hombre noble que recompensa a sus dos siervos fieles dándoles el mando de diez ciudades y cinco ciudades, respectivamente. Además Jesús también habla del «más pequeño en el reino de los cielos» (Mt. 11:11), dando a entender que existen diferentes niveles de dignidad en el cielo. El Señor también se refirió en repetidas ocasiones al hecho de que los creyentes recibirán la recompensa según haya sido su fidelidad, lo que hará que las recompensas varíen de una persona a la otra (Mt. 25:21-24).

¿Cómo se establecerán esas recompensas? Se hará teniendo en cuenta las *obras* que hayamos realizado. El día en que nos encontremos ante el trono del juicio de Cristo todo el «edificio» de nuestras obras será sometido al fuego de la prueba de Dios. Algunas impresionantes infraestructuras serán reducidas a simples escombros por haber sido construidas sólo para impresionar, y no utilizando materiales duraderos. Puede que, como los decorados de una película, estas construcciones tengan una apariencia imponente y *parezcan* verdaderas incluso miradas de cerca; sin embargo, el fuego las probará por lo que son, no por lo que aparentan ser. Toda la madera, heno y hojarasca serán quemados. Las Escrituras prometen que «si permaneciere la obra de alguno que sobreedificó, *recibirá recompensa*» (1 Co. 3:14, cursivas añadidas). ¿Y qué sucede con las personas cuyas obras son quemadas? Pues que «él sufrirá pérdida, si bien él mismo será salvo, aunque así como por fuego». La idea que nos quiere dar es parecida al rescate de una persona de un edificio en llamas; puede que se haya salvado del fuego, pero está impregnada del olor del humo: a duras penas ha escapado de la destrucción.

Pero eso no significa que tengamos que relegar a esa persona a los confines de las tinieblas de afuera, donde será el lloro y el crujir de dientes. Al igual que el ladrón de la cruz y el jornalero contratado a última hora, estas personas recibirán infinitamente más de lo que merecen. Incluso los que a duras penas escapan de las llamas serán herederos con Dios y coherederos con Cristo, y disfrutarán la totalidad de la bondad del cielo. No olvidemos que el último en el reino de los cielos será mayor que el más grande de la tierra (Mt. 11:11). En este reino los últimos son los primeros y los primeros los últimos, lo que indica que, por lo que respecta a la *herencia*, estaremos todos empatados. Y si además tenemos en cuenta que las recompensas que hayamos podido ganar van a ser depositadas delante del trono del Cordero (cp. Ap. 4:10), llegamos a la conclusión de que en el cielo no puede existir una jerarquía demasiado marcada entre todos aquellos que hayan sido salvados para la eternidad. Desde luego, no puede haber justificación alguna para la enseñanza de que algunas personas van a permanecer alejadas de los banquetes celestiales y exiliadas para siempre a las regiones celestes exteriores.[6]

Nuestra herencia no tiene nada que ver con la recompensa. Ni accedemos a ella a través de las obras ni se dividirá teniendo éstas en cuenta. El apóstol Pablo relaciona nuestra herencia a nuestra adopción como hijos de Dios (Ro. 8:15-17). Por definición, la palabra *herencia* indica algún tipo de ventaja que no se obtiene por lo que uno haya podido hacer. Se trata de un derecho que nos corresponde de nacimiento.

También existían, además, grandes diferencias entre las leyes romanas y las costumbres judías por lo que respecta a la herencia de los niños. Según la costumbre de los judíos, el hijo mayor siempre recibía el doble de la herencia que se repartía. De acuerdo con la ley romana, todos los hijos se podían repartir la herencia equitativamente. Cuando Pablo escribió: «Y si hijos, también ... coherederos con Cristo» (Ro. 8:17), se estaba dirigiendo a una audiencia romana. Del contexto se desprende que Pablo está enfatizando la igualdad existente entre los hijos de Dios y la seguridad de obtener la herencia correspondiente.

El apóstol afirmó algo parecido al escribir a los gálatas: «Y *si vosotros sois de Cristo*, ciertamente linaje de Abraham sois, y herederos según la promesa» (Gá. 3:19, cursivas añadidas). El capítulo siguiente se hace eco de la misma declaración: «Y *por cuanto sois hijos*, Dios envió a vuestros corazones el Espíritu de su Hijo, el cual clama: ¡Abba padre! Así que ya no eres esclavo, sino hijo; y si hijo, también heredero de Dios por medio de Cristo» (4:6-7, cursivas añadidas). La herencia no es la recompensa hecha al siervo fiel (como era el caso de la mayoría de parábolas de Jesús); es el derecho que el Padre otorga a cada hijo al nacer.

Hablando claro, lo que las Escrituras enseñan es que todos los cristianos van a recibir la totalidad de su parte en el cielo. Todo cristiano «heredará todas las cosas» (Ap. 21:7), de modo que la herencia no se repartirá ni se dividirá según lo digno que sea el creyente. Y cuando Dios dice «yo seré su Dios, y él será mi hijo», está diciendo que el cielo no sólo será nuestra morada sino también nuestra posesión. No vamos a ser huéspedes, sino miembros de pleno derecho de la familia. ¡No hay mayor privilegio posible!

LA CIUDAD SANTA

Volvamos ahora a Apocalipsis 21:2 para considerar otro aspecto importante del reino del cielo. El apóstol Juan escribe: «Y yo Juan vi la santa ciudad, la nueva Jerusalén, descender del cielo, de Dios, dispuesta como una esposa ataviada para su marido».

Dispuesta como una esposa

Una ciudad entera, admirable en su gloria, desciende del cielo ante la mirada de Juan para formar parte de la nueva tierra. La tierra y el cielo se convierten en una misma cosa. La capital del cielo se ha trasladado, intacta, al mundo nuevamente creado. Este es el contexto, pero prestemos especial atención a las palabras claves del versículo:

«*Dispuesta*» parece indicar que la nueva Jerusalén ya había sido creada antes de la formación de los cielos nuevos y de la tierra nueva. Juan no dice haber visto la ciudad en proceso de construcción; cuando dirigió los ojos hacia ella ya estaba finalizada. Dicho de otro modo, fue traída a la tierra procedente de otro lugar. ¿Pero de qué lugar?

«*Descender del cielo, de Dios*» parece dar a entender que la ciudad —totalmente acabada y aprovisionada— desciende a la nueva tierra desde el reino de los cielos, sin duda desde el lugar que el apóstol Pablo llama «el tercer cielo». Como ya hemos visto, todo esto tiene lugar nada más acabar la creación de los cielos nuevos y de la tierra nueva. Nueva Jerusalén, la capital del territorio eterno, desciende del reino mismo de Dios ante los ojos de Juan, donde ya había sido totalmente «dispuesta». ¿Y quién la «dispuso»? Resulta evidente que esta ciudad es aquélla a la que Jesús hizo referencia delante de sus discípulos cuando les dijo que se iba para prepararles un «lugar» (Jn. 14:3). Vemos en el pasaje cómo esa ciudad está por fin preparada, lista para la inauguración de los cielos nuevos y de la tierra nueva.

«*Como una esposa ataviada para su marido*». Esta expresión muestra la gloria de la inimaginable ciudad. Pensemos por un momento en lo siguiente: en el principio de los tiempos Dios tardó siete días en crear el mundo físico, ¡pero ahora lleva ya trabajando en el cielo casi dos milenios! ¡Vaya maravilla debe de estar creando! La indescriptible gloria de la nueva Jerusalén no se puede expresar con palabras.

Os habéis acercado al monte de Sion

Nueva Jerusalén es la ciudad que Abraham buscaba, «cuyo arquitecto y constructor es Dios» (He. 11:10). El autor del libro de Hebreos les dice a todos los redimidos: «Os habéis acercado al monte de Sion, a la ciudad del Dios vivo, Jerusalén la celestial, a la compañía de muchos millares de ángeles, a la congregación de los primogénitos que están inscritos en los cielos, a Dios el Juez de todos, a los espíritus de los justos hechos perfectos» (12:22-23).

El contenido del anterior versículo es fascinante. Fíjate en él por un momento. En la actual ciudad de Jerusalén, el monte de Sion está al lado del templo. Morar en Sion es vivir justo al lado de la santa morada de Dios.

La Sion celeste será el hogar eterno de todos los «*que están inscritos en los cielos*», es decir, los redimidos de todos los tiempos. (Nuevamente desautoriza la opinión de que a algunos de los redimidos no se les permitirá la entrada en la parte central del cielo.) Allí «*los espíritus de los justos*» (y justas) serán por fin «*hechos perfectos*». Se nos hará dignos para vivir en medio de tan inimaginable gloria (1 Jn. 3:2).

LA JOYA DEL CIELO

Apocalipsis 21:10-27 describe todavía con mayor detalle la visión de Juan sobre el descenso del cielo la santa ciudad. En estos versículos, un ángel conduce al apóstol a una montaña situada en la tierra nueva desde donde se puede ver la obra maestra de Dios, la capital del cielo infinito, descender del cielo, de Dios, del tercer cielo, y venir a la tierra para convertirse en la joya más preciosa de los cielos nuevos y de la tierra nueva.

No pasemos por alto que Juan dice de la ciudad que tiene «la gloria de Dios» (v. 11). «Su fulgor era semejante al de una piedra preciosísima, como piedra de jaspe, diáfana como el cristal.»

Como ya hemos visto, la luz y la gloria aparecen siempre que la Biblia se refiere al reino eterno. El cielo es en sí mismo infinito, la expresión eterna de la gloria divina. Podríamos decir que la esencia del cielo es la gloria manifiesta de Dios. Isaías 60:19 dice que «el sol nunca más servirá de luz para el día, ni el resplandor de la luna te alumbrará, sino que Jehová te será por luz perpetua, y el Dios tuyo por tu gloria». Y Apocalipsis 21:23 repite las misma idea: «La ciudad no tiene necesidad de sol ni de luna que brillen en ella; porque la gloria de Dios la ilumina, y el Cordero es su lumbrera». Dios mismo será la luz de la totalidad del infinito cielo, y en especial de su refulgente joya, la nueva Jerusalén.

Cuando era pequeño, en Pasadena, solía ir en patines. En el medio de la pista de patinaje había una de esas esferas recubierta de espejitos cuadrados. Cuando le daba la luz, la pista entera refulgía y centelleaba. Puede que esto sea, en términos un poco rústicos, algo parecido a lo que Juan intenta comunicarnos en su descripción de las luces y las joyas. El apóstol vio la ciudad eterna bajar del cielo, y le pareció un centelleo de piedras preciosas refulgentes y cristalinas como diamantes que irradiaban la gloria de la auténtica naturaleza de Dios. Y esa luz llameante que reflejaba la gloria de Dios cubrió, literalmente, todo el universo infinito de una belleza inconmensurable.

Muros y puertas gloriosos

El versículo 12 dice que la ciudad «tenía un muro grande y alto». ¿Por qué habría de tener un muro la ciudad santa? Los muros son para defenderse de los enemigos, y en el reino celestial no habrá enemigos, ya que todos ellos habrán sido echados al lago de fuego (Ap. 20:14-15); de modo que no pueden tener una utilidad *práctica*. Como todas las cosas que se encontrarán en el cielo, estos muros son una muestra más de la gloria de Dios.

Apocalipsis 22:14-15 dice, refiriéndose a los mismos muros: «Bienaventurados los que lavan sus ropas, para tener derecho al árbol de la vida, y para entrar por las puertas en la ciudad. Mas los perros estarán fuera, y los hechiceros, los fornicarios, los homicidas, los idólatras, y todo aquel que ama y hace mentira». Esto no significa que los perros, los hechiceros y los mentirosos vayan a estar acampados al lado mismo de las puertas de la ciudad, porque como ya hemos mencionado, todos los que entren dentro de la anterior lista ya habrán sido lanzados al infierno para toda la eternidad (Ap. 20:15; 21:8).

La descripción que Juan hace del muro y las puertas es interesante:

> *Tenía un muro grande y alto como doce puertas; y en las puertas, doce ángeles, y sus nombres inscritos, que son los de las doce tribus de los hijos de Israel; al oriente tres puertas; al norte tres puertas; al sur tres puertas; al occidente tres puertas. Y el muro de la ciudad tenía doce cimientos, y sobre ellos los doce nombres de los doce apóstoles del Cordero.*
>
> *—21:12-14*

Así que las puertas llevan los nombres de las tribus de Israel y los cimientos los de los doce apóstoles. Juan se está refiriendo al lugar que servirá de morada al pueblo de Dios durante toda la eternidad. Israel y la iglesia se unirán en el reino eterno para formar, y para toda la eternidad, un único pueblo de Dios.

La existencia de puertas implica que la gente será libre de entrar y salir de la ciudad; es decir, que la cuidad no nos *retendrá*. Será nuestra casa, pero no estaremos recluidos allí. Tendremos el universo entero para viajar y, al hacerlo, atravesaremos las puertas en una y otra dirección.

Dimensiones celestiales

Juan dice, en los versículos 15 y 16: «El que hablaba conmigo tenía una vara de medir [de una longitud aproximada de 3 metros; casi 10 pies], de oro, para medir la ciudad, sus puertas y su muro. La ciudad se halla establecida en cuadro, y su longitud es igual a su anchura; y él midió la ciudad con la caña, doce mil estadios; la longitud, la altura y la anchura de ella son iguales». De modo que la ciudad es de una simetría perfecta, un enorme cubo de unos dos mil cuatrocientos kilómetros (1500 millas) en todas las direcciones. Hay quien dice que se puede tratar de una pirámide. Aunque, dadas las dimensiones, podría ser cierto, no hay razón para pensar que las Escrituras no dicen lo que parecen decir; yo, personalmente, me inclino a pensar que se trata de un cubo.

¿Qué significado puede tener una ciudad en forma de cubo? Recordemos que el templo de Salomón era también un cubo de veinte codos (1 R. 6:10). La nueva Jerusalén es el lugar santo entre los santos, ya que *es* el santuario de Dios mismo. Se trata de la morada del Padre, dentro de la cual también estará nuestro lugar de residencia (cp. Sal. 23:6; Jn. 14:2). La nueva Jerusalén de la tierra es el lugar al que Dios ha traído el corazón mismo del tabernáculo celeste, el más santo de los lugares santos.

La verdad es que una altura de unos dos mil cuatrocientos kilómetros (1500 millas) es difícil de imaginar. En la tierra actual, un edificio de dos mil cuatrocientos kilómetros de alto sobrepasaría el límite de la atmósfera del planeta (que sólo tiene un grosor de unos 160 kilómetros [100 millas]). Pero no olvidemos que en aquellos días el cielo y la tierra serán una misma cosa, y la atmósfera habrá dejado de existir.

¿Son simplemente simbólicas estas descomunales medidas? Yo me decanto hacia el no. Juan deja constancia del tamaño del muro de la ciudad: «Y midió su muro, ciento cuarenta y cuatro codos, *según* medida humana, que es *también* de ángel» (v. 17, LBLA). Las medidas que se nos hace saber son muy precisas, lo que sugiere que se trata de un lugar real, de dimensiones terrestres.

Según el tamaño que aparece en Apocalipsis, la nueva Jerusalén tiene una superficie total de 3,6 millones de kilómetros [2.25 millas] cuadrados. Londres, a modo de comparación, tiene un área de casi 1.000 kilómetros [62 millas] cuadrados. La City del centro de Londres sólo tiene una superficie de 1,6 kilómetros [una milla] cuadrados y una población de 5.000 habitantes. Tomando la capital británica como proporción, ¡la nueva Jerusalén podría llegar a albergar a más de cien mil millones de personas! ¡Y eso sin tener en cuenta la colosal altura de la ciudad! Desde luego, el cielo será lo suficientemente grande para los «pocos» que siguen el camino angosto (Mt. 7:13-14). En esa gran urbe descubriremos, en la gloria de la vida eterna, que esos «pocos» son en realidad «una gran multitud, la cual nadie podía contar» (Ap. 7:9). A pesar de todo, el espacio del cielo bastará para todos.

¿Qué distancia representan dos mil cuatrocientos kilómetros [1500 millas]? Aproximadamente el recorrido de Maine a Florida, en Estados Unidos. Imagínate ahora un cubo de ese tamaño y de la misma altura con múltiples niveles y atravesado por millones de doradas avenidas. ¡La nueva Jerusalén tendrá un enorme tamaño y una majestad y belleza fuera de los límites de la concepción terrestre!

Los materiales empleados en la construcción

El versículo 18 nos dice que los muros estaban hechos de jaspe, un mineral traslúcido, semi opaco, que en la naturaleza de encuentra en diversos colores. Algunas personas dicen que, en tiempos bíblicos, se llamaba jaspe a un mineral transparente y semiprecioso, parecido al diamante. Sea como fuere, el jaspe permite que la gloria de Dios, irradiada desde el centro de la ciudad, brille a su través. La ciudad propiamente hablando «era de oro puro, semejante al vidrio limpio». Por supuesto, el oro al que estamos acostumbrados ahora no tiene nada de transparente. Puede que la expresión «semejante al vidrio limpio» se refiera a un oro tan bien pulido que reflejaba como un espejo. (En la antigüedad, los espejos se hacían de metal bruñido.) Parece más lógico pensar que se refiera a una variedad tan pura del metal precioso que resulta cristalino. De hecho, Ezequiel y Juan describen el cielo, los dos, en términos de la transparencia de las piedras preciosas. El resplandor de la gloria de Dios refleja la hermosura de su presencia en cada faceta del diamante; esto es lo que Juan contempló. Debía de resplandecer con un brillo desconocido en la tierra, con un centelleo celestial, aunque de una tonalidad dorada que hacía pensar en el oro.

Los versículos 19 y 20 dicen: «Los cimientos del muro de la ciudad estaban adornados con toda piedra preciosa. El primer cimiento era jaspe; el segundo, zafiro; el tercero, ágata; el cuarto, esmeralda; el quinto, ónice; el sexto, cornalina; el séptimo, crisólito; el octavo, berilo; el noveno, topacio; el décimo, crisopraso; el undécimo, jacinto; el duodécimo, amatista». Los minerales de los que habla ahora son piedras preciosas de distinto colorido; hay varios verdes, azules cielo, rojos, cromados, violetas y otros espléndidos matices. Entre el oro diáfano y los alabastrinos muros, Dios nos ofrece una imagen de inimaginable e indescriptible belleza. Dios ha puesto en nosotros un amor por la belleza, y el cielo sobrepasa en excelencia todo lo que podamos llegar a esperar.

El apóstol Juan añade: «Las doce puertas eran doce perlas; cada una de las puertas era una perla. Y la calle de la ciudad era de oro puro, transparente como vidrio» (v. 21). Resulta difícil imaginar puertas de semejante tamaño y, además, hechas de una sola perla. Pero eso es exactamente lo que Juan nos retrata. No se trata de perlas procedentes de una variedad especial de ostras gigantes; serán las manos de Dios las que les darán forma.

LO QUE NO HABRÁ EN EL CIELO

Aunque que me sienta tentado a decir que en el cielo no va a faltar nada, este no es, afortunadamente, el caso. El Apóstol nos da una lista de algunas de las cosas de las que el cielo carecerá. A lo mejor te sorprendes cuando veas algunas de las cosas que faltarán.

No habrá templo

En el capítulo tres ya nos referimos a la inexistencia de templo en el cielo. Esto es lo que el apóstol Juan escribe: «Y no vi en ella templo; porque el Señor Dios Todopoderoso es el templo de ella, y el Cordero» (v. 22). Vemos cómo, en cierto modo, en el cielo no va a haber templo, ya que Dios mismo *es* el santuario.

¿Qué quiere decir que Dios es el templo celestial? El templo es el lugar donde se va a adorar. Lo que Juan apunta es que en el cielo adoraremos a Dios en su presencia misma; Dios será el lugar de adoración. El Altísimo extenderá su tabernáculo (Ap. 7:15) sobre todos los habitantes del cielo, quienes le servirán noche y día. La adoración no cesará nunca.

Pero, por desgracia, solemos considerar la adoración como algo rígido, formal y a veces incluso un poco incómodo. Si le mencionamos la palabra *adoración* al típico chico de escuela dominical, en seguida le vendrá a la mente una sensación de reclusión e incomodidad; para él es una ceremonia ampulosa durante la cual se tiene que estar quieto y en silencio.

Nada que ver con la esencia de la adoración. La idea bíblica de la salvación integra todos los aspectos de la vida. Por eso escribió Pablo a los corintios: «Si pues, coméis o bebéis, o hacéis otra cosa, hacedlo todo para la gloria de Dios» (1 Co. 10:31). No hay nada que sea *necesario* y *legítimo* en esta vida que no se pueda hacer para la gloria de Dios. Y teniendo en cuenta que adorar es glorificar a Dios, no hay nada que debamos hacer que no se pueda realizar como un acto de adoración. Por lo tanto, si fuésemos seres perfectos, totalmente sin pecado, nuestras vidas serían una adoración continua.

¡Y esto es exactamente lo que el cielo va a ser! En palabras del conocido catecismo de Westminster, lo primero que vamos a hacer en el cielo es glorificar Dios y disfrutar de Él para siempre. Lejos de ser rígida e incómoda, nuestra adoración celestial nos proporcionará sumo deleite; supondrá poder disfrutar de Dios sin lazos mundanos de ningún tipo y sin sombra de culpabilidad, temor o inseguridad.

Ninguno de los placeres terrestres se puede comparar con el perfecto deleite que nos proporcionará la adoración celestial. Todo el regocijo que nos producen el amor de la tierra, la belleza de la tierra y todas las demás bendiciones de este mundo no son nada comparados con la felicidad absoluta que supondrá adorar en persona a aquél de quien proceden todas las verdaderas bendiciones. Sólo los que le conocen pueden empezar a intuir el maravilloso deleite que ello significará.

El privilegio de esa adoración tan perfecta también forma parte de la herencia de los santos; como escribió el salmista: «¿A quién tengo yo en los cielos sino a ti? Y fuera de ti nada deseo en la tierra. Mi carne y mi corazón desfallecen; mas la roca de mi corazón y mi porción es Dios para siempre» (Sal. 73:25-26).

¿No es ese el cumplimiento de nuestros más profundos anhelos? Como también escribió el salmista: «Una cosa he demandado a Jehová, ésta buscaré; que esté yo en la casa de Jehová todos los días de mi vida, para contemplar la hermosura de Jehová, y para inquirir en su templo» (Sal. 27:4). Esto será precisamente lo que heredaremos en el cielo, además de morar en la casa de Jehová por largos días (cp. Sal. 23:6): un templo mucho más glorioso de lo que hayamos podido imaginar nunca.

No habrá luz

El edificio del templo no será lo único que faltará en el cielo. Como ya vimos anteriormente en este mismo capítulo, en el cielo no se necesitará luz de ningún tipo. Apocalipsis 21:23 dice que «la ciudad no tiene necesidad de sol ni de luna que brillen en ella; porque la gloria de Dios la ilumina, y el Cordero es su lumbrera».

La gloria del cielo es una luz mucho más brillante que la del sol. De hecho, Isaías escribió que «la luna se avergonzará, y el sol se confundirá, cuando Jehová de los ejércitos reine en el monte de Sion y en Jerusalén, y delante de sus ancianos sea glorioso» (24:23). Comparado con la gloria de Dios, la luz del sol y de la luna no son más que simples velas, insignificantes e inseguras. Apocalipsis 21:24 añade que «las naciones que hubieren sido salvas andarán a la luz de ella; y los reyes de la tierra traerán su gloria y honor a ella». Lo que Juan está queriendo decir es que hasta los reyes de la tierra entregarán sus respectivas glorias para que pasen a formar parte de la del cielo. Todas las naciones caminarán en la luz de la presencia de Dios; y todos los hombres, sin importar la posición que ocupen, se arrodillarán ante su gloria.

Una vez recibí una carta de un ateo que venía a decir que, tomando la Biblia al pie de la letra, el cielo iba a ser más ardiente que el infierno. Esto es lo que escribió: «El infierno debe tener una temperatura igual o inferior a la temperatura de ebullición del azufre; es decir, unos 450 kelvin, e Isaías 30:26 dice que «la luz del sol [será] siete veces mayor, como la luz de siete días, el día que vendaré Jehová la herida de su pueblo, y curare la llaga que él causó». Todos los físicos que se precien de serlo saben que una luz que sea siete veces superior a la del sol provocaría que la tierra sobrepasase de largo los 450 kelvins. Así que, si hay que hacer caso de la Biblia, el cielo será mucho más caliente que el infierno».

Sin embargo, el argumento utilizado no toma la Biblia al pie de la letra. En primer lugar, Isaías 30:26 describe el juicio de Dios sobre la tierra, no lo que sucederá en el cielo. En segundo lugar, la idea principal del pasaje de Apocalipsis 21 es que en el cielo no habrá ninguna «luz». La luz que habrá allá no será producto de la radiación, sino de la gloria de Dios, y no estará sujeta a la escala de Kelvin. La luz de la que hablamos alcanza la totalidad del cielo, y no proviene de una fuente concreta; será una luz como nunca antes se haya conocido en la tierra, ya que provendrá del que «es luz, y no hay ningunas tinieblas en él» (1 Jn. 1:5). No hay razón para pensar que la luz emitida también producirá calor.

Nuevamente conviene recordar que la descripción de Juan lleva al límite las posibilidades de expresión del lenguaje humano, e intenta explicar un contexto que no somos capaces de imaginar. Lo que sí está claro es que la gloria del cielo tendrá un resplandor inimaginable.

Hace algunos años el erudito luterano J.A. Seiss escribió el pasaje tan bonito que vamos a leer a continuación acerca de la luz de la Jerusalén celestial:

> El resplandor no provendrá de ningún tipo de combustión física; no será el resultado de quemar un combustible que se agota y hay que renovar, ya que será la luz no creada de aquél que es la luz y que nos será proporcionada a través de una lámpara que nunca se extinguirá: el Cordero de Dios. Esta luz llegará a todos los hogares, corazones y entendimientos de los santos, que ya habrán sido glorificados. Cuando Pablo y Silas yacían, heridos y con grilletes, en la celda más profunda de la cárcel de Filipos, disponían de una santa luz que les ayudaba a

soportar las largas noches entonando canciones llenas de gozo. Cuando Pablo iba camino de Damasco una luz más brillante que la del sol y la luna le rodeó, colmando su ser de una percepción y un entendimiento nuevos que llenarían para siempre su cuerpo y alma de la gloria del Señor. Cuando Moisés bajó del monte en el que estuvo en comunión con Dios lo hizo con un rostro tan brillante que sus compatriotas no pudieron mirarle directamente. Había mantenido una comunión tan profunda con la luz que absorbió parte de ella y bajó hacia el campamento como una lámpara encendida por Dios, refulgiendo en la gloria de Dios.

Esa misma luz, en el Monte de la Transfiguración, fue derramada a través del cuerpo y las vestiduras del bendito Señor Jesús. Y, al referirse al momento mismo en que la ciudad desciende e inicia su existencia, Isaías dice: «La luna se avergonzará, y el sol se confundirá». El motivo de su vergüenza será la rutilante gloria que provendrá de la nueva Jerusalén, fulgor que hará que sean innecesarios, ya que la gloria de Dios, cuya lumbrera es el Cordero, brillará en la ciudad.[7]

No habrá fuerzas del orden

El apóstol Juan también escribe lo siguiente: «Sus puertas nunca serán cerradas de día, pues allí no habrá noche» (Ap. 21:25). En la antigüedad, las puertas de las ciudades se cerraban de noche para proteger a los habitantes de ladrones, bandidos y fuerzas invasoras. El que las puertas vayan a estar siempre abiertas nos demuestra que gozaremos de una seguridad y protección perfectas. En el cielo no existirá la más mínima amenaza sobre la paz, por eso las puertas nunca estarán cerradas.

El versículo 26 sigue el mismo hilo de pensamiento del versículo 24: la imagen de los reyes entregando su gloria ante el trono de Dios: «Y llevarán la gloria y la honra de las naciones a ella». Es decir, que la gloria y la autoridad de Dios no tendrán rival. La gran batalla universal que se ha venido librando desde los inicios ya se habrá terminado, y para siempre; Dios y su pueblo morarán abrigados por la más absoluta seguridad.

El apóstol Juan dice que «no entrará en ella ninguna cosa inmunda, o que hace abominación y mentira, sino solamente los que están inscritos en el libro de la vida del Cordero» (v. 27; cp. 22:15). Sólo los elegidos de Dios —los que han depositado en Cristo su confianza— podrán entrar en la ciudad. Satanás y sus malignas huestes ya habrán desaparecido para siempre jamás del mapa.

No tendremos más necesidades

En Apocalipsis 22:1-2 el ángel le muestra a Juan «un río limpio de agua de vida, resplandeciente como cristal, que salía del trono de Dios y del Cordero. En medio de la calle de la ciudad, y a uno y otro lado del río, estaba el árbol de la vida, que produce doce frutos, dando cada mes su fruto; y las hojas del árbol eran para la sanidad de las naciones.» Este cristalino río celestial emana del trono de Dios y recorre el centro de la nueva Jerusalén. Imaginemos lo que para un habitante de la reseca Palestina debía significar un río: un lugar de reposo y tranquilidad, de refresco y sustento. La presencia de un río aseguraba agua fresca para las gargantas sedientas castigadas por el calor del desierto. ¡Pensemos por un momento con qué gozo recibiría una persona que viviese en el desierto el hallar un árbol lleno de frutos! La nueva Jerusalén será el compendio de todo lo maravilloso: ciudad, río y árboles.

El Salmo 46 (v. 4-5) también menciona el mismo árbol: «Del río sus corrientes alegran la ciudad de Dios, el santuario de las moradas del Altísimo. Dios está en medio de ella; no será conmovida. Dios la ayudará al clarear la mañana.»

En el Edén también había un hermoso río que regaba el huerto (Gn. 2:10). También se encontraba allí «el árbol de la vida en medio del huerto» (Gn. 2:9). Así pues, el cielo parece ser la perfección absoluta de todo lo que el Edén representó.

«El árbol de la vida» puede estarse refiriendo, de hecho, a uno, dos o tres árboles. La expresión empleada en el original griego no tiene artículo definido, de modo que la frase se podría también traducir así: «en medio de la calle de la ciudad, y a uno y otro lado del río, había un árbol de la vida», dando a entender que los árboles son tres: uno en medio de la calle y dos más, uno a cada lado del río. Pero todavía hay otra posible alternativa, que «en medio de la calle» se refiera al lecho del río, como ilustran los mismos versículos en una traducción más moderna: «Y me mostró un río de agua de vida, resplandeciente como cristal, que salía del trono de Dios y del Cordero, en medio de la ciudad. Y a cada lado del río estaba el árbol de la vida, que produce doce *clases* de fruto, dando su fruto cada mes; y las hojas del árbol eran para sanidad de las naciones» (22:1-2, LBLA).

Sea cual sea el significado, lo que sí resulta cierto es que el árbol de la vida es una maravilla indescriptible. Produce doce frutos diferentes, uno cada mes; frutos que sólo los vencedores tendrán el privilegio de saborear (Ap. 2:7).

En el cielo comeremos para disfrutar, y no por necesidad. Aun así, el árbol tiene propiedades beneficiosas y saludables para aquellos que coman de sus frutos; hasta sus hojas son «para sanidad de las naciones» (22:2). La palabra griega de la que se ha traducido «sanidad» es *therapeia*, y de ella deriva, entre otras, la palabra española «*terapéutico*». Así pues, Juan está diciendo que, de alguna manera, las hojas del árbol de la vida influirán positivamente sobre la vida en el cielo, aunque sólo sea debido al simple hecho de comerlas. También el agua de la vida estará en el cielo para que disfrutemos bebiéndola. En el cielo la comida no *hará falta*; sin embargo podremos disfrutar de delicados platos dignos del mejor gourmet. Todo esto no hace más que incidir en la idea de que el plan que Dios tiene para nosotros en el futuro es que *disfrutemos* de Él para siempre. En el cielo habrá muchas cosas pensadas únicamente para el deleite: el deleite tanto de Dios como de su pueblo.

No habrá maldición

Si hay algo que realmente me hace estar ansioso y a la espera de ir al cielo es esta promesa:

> *Y no habrá más maldición; y el trono de Dios y del Cordero estará en ella, y sus siervos le servirán, y verán su rostro, y su nombre estará en sus frentes. No habrá allí más noche; y no tienen necesidad de luz de lámpara, ni de luz del sol, porque Dios el Señor los iluminará; y reinarán por los siglos de los siglos.*
>
> —*Apocalipsis 22:3-5*

La maldición y todas sus dolorosas y odiosas consecuencias serán anuladas y barridas para siempre. El dolor, la agonía del fatigoso trabajo, el sudor, los espinos, la enfermedad, el suplicio y el pecado habrán desaparecido para siempre en el cielo.

Como escribió el apóstol Pablo: «Cosas que ojo no vio, ni oído oyó, ni han subido en corazón de hombre, son las que Dios ha preparado para los que le aman» (1 Co. 2:9). Las delicias del cielo quedan fuera del alcance de la más delirante de nuestras imaginaciones. Sin embargo, los creyentes podemos saborearlas ya en vida, porque «Dios nos las reveló a nosotros por el Espíritu» (v. 10). Ya hemos gustado «del don celestial» (cp. He. 6:4). Y ya que tenemos ese sabor de boca de lo que el cielo va a ser, deberíamos vivir con los corazones dirigidos hacia él, sin variar el rumbo a izquierda o derecha.

Pero, por desgracia, muchos cristianos piensan que la comunión con Dios y el gozo del cielo no son posibles hasta que nos encontremos en los cielos nuevos y tierra nueva. No obstante, la realidad es bien distinta: para los creyentes, la vida eterna es una posesión de la que disponemos en el presente, y no sólo una esperanza venidera. Debemos vivir como si nuestros corazones estuviesen ya en el cielo. Podemos disfrutar de la comunión con Dios ahora; si no cara a cara, sí a través de la oración y el estudio de la Palabra.

En el cielo, la diferencia será que nos relacionaremos con Dios cara a cara (1 Co. 13:12). En Primera de Tesalonicenses 4:17 se nos dice que a partir del momento en que el Señor nos lleve, y por toda la eternidad, «así estaremos siempre con el Señor». «Porque él dijo: No te desampararé, ni te dejaré» (He. 13:5).

De manera que cuando el apóstol Juan reitera que en el cielo veremos su rostro (Ap. 22:4), deja implícito que tendremos con Él una relación, una unión y una comunión perfectamente íntimas. El que tengamos su nombre escrito en la frente refleja tanto que somos de su propiedad como que nuestra entrega hacia él será inquebrantable.

Así que estas son las bendiciones ilimitadas de que gozaremos cuando entremos en la vida eterna: estaremos para siempre en presencia del eterno y santo Dios, tendremos una comunión íntima e inalterable con Cristo, seremos coherederos con Cristo, reinaremos con Cristo, y tendremos a nuestra disposición las increíbles riquezas del cielo para disfrutar de ellas como nos apetezca.

Todo lo que acabamos de decir sería una blasfemia si no nos lo hubiese prometido Dios mismo.

CAPÍTULO
CINCO

CÓMO VAMOS A SER EN EL CIELO

Perfección.

La mayoría de nosotros entendemos esa palabra pero tenemos grandes dificultades a la hora de concebir algo verdaderamente perfecto, ya que todo lo que conocemos en la tierra tiene faltas y es imperfecto.

Y, en el caso de aquellos que conocemos y amamos al Señor, las imperfecciones de las que somos más conscientes —dolorosamente conscientes— suelen ser las propias. No me estoy refiriendo a las debilidades de nuestros cuerpos, aunque las conocemos muy bien. Las imperfecciones que realmente nos afectan no son tan superficiales; el verdadero problema es la pecaminosidad que sale directamente del corazón (cp. Mr. 7:21-23).

Por supuesto, tenemos cierta tendencia a ser más tolerantes con *nuestras* imperfecciones que con las de los demás. Intentamos cubrirnos a nosotros mismos, aunque en el fondo sabemos muy bien que somos penosa y pecaminosamente imperfectos. ¿Qué cristiano no se ve reflejado en las palabras de Pablo en Romanos 7:24: «¡Miserable de mí! ¿Quién me librará de este cuerpo de muerte?»?

Pero no sólo nosotros nos vemos afectados. El universo entero sufre las consecuencias del pecado humano. Pablo también escribe que «sabemos que toda la creación gime a una, y a una está con dolores de parto hasta ahora» (Ro. 8:22). Esa es la razón por la cual *todo* lo que podemos llegar a conocer en esta tierra no es sino imperfección. Toda la creación agoniza bajo el cruel influjo de la maldición del pecado, a la espera de la consumación de todas las cosas; será entonces cuando la maldición será eliminada.

Cuando ello ocurra, todo será perfecto. El dolor, el sufrimiento y ese gemir de la creación dejarán de existir. «Los redimidos de Jehová volverán, y vendrán a Sion con alegría; y gozo perpetuo será sobre sus cabezas; y *tendrán gozo y alegría, y huirán la tristeza y el gemido*» (Is. 35:10, cursivas añadidas).

Y no sólo eso, sino que además *seremos* hechos gloriosamente perfectos. La totalidad de nuestras personas —cuerpo y alma— será renovada, por completo, y no tendremos falta alguna. Como escribió el apóstol Juan: «Amados, ahora somos hijos de Dios, y aún no se ha manifestado lo que hemos de ser; pero sabemos que cuando él se manifieste, seremos semejantes a él, porque le veremos tal como él es» (1 Jn. 3:2).

Ahora no lo podemos entender, «aún no se ha manifestado», pero al final seremos hechos totalmente a la imagen de Cristo. Esta es la razón por la que Dios nos escogió antes del mundo: «Para que ... [fuésemos] hechos conformes a la imagen de su Hijo» (Ro. 8:29). «Nos escogió en él antes de la fundación del mundo, para que fuésemos santos y sin mancha delante de él» (Ef. 1.4). Dios ya ha empezado en nosotros la buena obra, y fielmente «la perfeccionará hasta el día de Jesucristo» (Fil 1:6). Y cuando veamos a Cristo nos convertiremos, instantáneamente, en seres totalmente perfectos, ya que le veremos como Él es.

El cielo es el lugar perfecto para la gente que ha sido hecha perfecta, y la perfección es la meta de la obra santificadora de Dios en nosotros. No nos está haciendo simplemente mejores de lo que somos, sino que está moldeándonos de acuerdo con la imagen de su Hijo. Nos pareceremos a Dios hasta donde nuestra humanidad glorificada nos permita parecernos a Él en su divinidad encarnada y exaltada. La perfección máxima del cielo es la consumación de nuestra salvación. Y este es el propósito por el que nos ha escogido desde antes de la fundación del mundo.

ANTES DE CAMBIARNOS POR FUERA, DIOS NOS CAMBIA POR DENTRO

Dios empieza nuestro perfeccionamiento en el momento en que dejamos la incredulidad y nos convertimos, por la fe, a Cristo. El Espíritu Santo nos regenera entonces y nos da un nuevo corazón con una serie de deseos santos también nuevos (Ez. 36:26). Transforma nuestra tozuda voluntad y abre nuestros corazones para que abracen la verdad en vez de rechazarla como habían hecho hasta entonces. Hace que creamos, y ya no que dudemos. Pone en nosotros un sentimiento de celo por la justicia y el deseo de estar con Él. Y a través del nuevo nacimiento transforma nuestra persona interior; a partir de la conversión Dios utiliza todo lo que nos ocurre en la vida (ya sea bueno o malo) para dirigirnos hacia la semejanza con Cristo (Ro. 8:28-30).

Se nos considera, posicionalmente hablando, perfectos en ese mismo instante. Se nos reviste de una justicia perfecta (Is. 61:10; Ro. 4:5), justicia que nos permite estar en presencia de Dios sin temer condenación alguna (Ro. 5:1; 8:1). Esta es la posición de enorme privilegio a la que se refieren las Escrituras al decir que Dios «nos bendijo con toda bendición espiritual en los lugares celestiales en Cristo» (Ef. 1:3). Y cuando Pablo escribe que Dios «juntamente con él nos resucitó, y asimismo nos hizo sentar en los lugares celestiales con Cristo Jesús» (Ef. 2:6), también está haciendo alusión a esa posición favorable delante de Dios a la que hemos accedido a través, únicamente, de la gracia. Por supuesto, no estamos literalmente sentados (en un sentido físico) con Cristo en los lugares celestiales; sin embargo ese es el lugar que ostentamos en el tribunal eterno de Dios.

Pero la obra de Dios no se detiene ahí. Una vez nos ha declarado justos (las Escrituras lo llaman *justificación*), Dios no cesa de hacernos conforme a la imagen de su Hijo (*santificación*). Aunque nuestro estado ya es de perfección, Dios sigue haciéndo*nos* perfectos. El cielo es un lugar de perfecta santidad, y no podríamos vivir en él si no se nos hubiese convertido en santos. Así pues, en cierto sentido, la bendición de la justificación es la garantía otorgada por Dios que asegura que en, última instancia, seremos hechos conformes a la imagen de su Hijo (*glorificación*). «A los que justificó, a éstos también glorificó» (Ro. 8:10).

Las semillas de la imagen de Cristo se plantan en nosotros en el momento en que nos convertimos. Colosenses 2:10 dice que estamos «completos» en Cristo. El apóstol Pedro añade que a los creyentes se nos han dado «todas las cosas que pertenecen a la vida y a la piedad» (2 P. 1:3). Si eres un cristiano, la vida de Dios mora en tu alma, y eso es todo lo que necesitas para acceder al cielo. El principio en que se basa la vida eterna ya está en tu interior; es decir, ya *tienes* el derecho de ir al cielo y titularidad sobre él en vida. Has pasado de muerte a vida

(Jn. 5:24) y te has transformado en una persona nueva; si antes eras esclavo del pecado, ahora eres esclavo de la justicia (Ro. 6:18). En vez de recibir la paga del pecado, o sea, la muerte, Dios te ha concedido el regalo eterno de la vida eterna (Ro. 6:23). Y vida eterna es sinónimo de vida abundante (Jn. 10:10), es como un pozo artesiano que va directo a un poder espiritual que emana de nuestro interior y nos satisface y nos permite vivir la vida para la que se nos ha llamado (Jn. 7:38). Como dijo Pablo: «Si alguno está en Cristo, nueva criatura es; las cosas viejas pasaron; he aquí todas son hechas nuevas» (2 Co. 5:17).

Seamos ahora sinceros. Ni siquiera para los cristianos más comprometidos la vida es siempre como si «todas las cosas fuesen hechas nuevas». No siempre nos *sentimos* como esas «nuevas criaturas». Normalmente somos más conscientes del pecado que recorre nuestro interior que del río de agua viva del que nos habló Jesús. Aunque «tenemos las primicias del Espíritu, nosotros también gemimos dentro de nosotros mismos» (Ro. 8:23), y gemimos a lo largo de toda la vida. No olvidemos que quien se afligía en Romanos 7:24 con estas palabras, «¡Miserable de mí! ¿Quién me librará de este cuerpo de muerte?», era un apóstol maduro, y no precisamente un frágil cristiano recién convertido.

El problema es el siguiente: al igual que Lázaro, hemos salido del sepulcro con todas las vendas puestas. Estamos recluidos en nuestro cuerpo, en la carne. La palabra «carne», en el sentido bíblico, no sólo se refiere al cuerpo físico, sino también a los pensamientos y hábitos pecaminosos que todavía permanecen en nuestros cuerpos hasta el día en que por fin seamos glorificados. Cuando Pablo habla de la «carne» y del «espíritu» no está queriendo contraponer lo material y lo inmaterial como lo hacen las teorías dualistas del gnosticismo y la nueva era. Utiliza la palabra «carne» para aludir a nuestra tendencia hacia el pecado, a ese pecado latente que permanece incluso en aquellos que han sido redimidos.

El apóstol presenta el problema de una manera clara en Romanos capítulo 7, y se pone a sí mismo de ejemplo:

> *Porque lo que hago, no lo entiendo; pues no hago lo que quiero, sino lo que aborrezco, eso hago. Y si lo que no quiero, esto hago, apruebo que la ley es buena. De manera que ya no soy yo quien hace aquello, sino el pecado que mora en mí. Y yo sé que en mí, esto es, en mi carne, no mora el bien; porque el querer el bien está en mí, pero no el hacerlo.*

> *Porque no hago el bien que quiero, sino el mal que no quiero, eso hago. Y si hago lo que no quiero, ya no lo hago yo, sino el pecado que mora en mí. Así que, queriendo yo hacer el bien, hallo esta ley: que el mal está en mí.*
>
> —*vv.* 15-21

Si tienes problemas para entender el sentido que el apóstol Pablo da a la palabra *carne*, casi se podría decir que la última frase del versículo hace las veces de definición: «Queriendo hacer el bien, hallo la ley de que el pecado está en mí» (v. 21, LBLA). En esta explicación se incluyen todos los hábitos pecaminosos y esquemas que hemos adquirido durante nuestra vida de antes de conocer a Cristo. Todavía no nos hemos librado de esas influencias que nos pueden llegar a causar, mientras estemos aquí, tantos problemas.

Así pues, aunque en lo profundo de nuestro ser seamos criaturas nuevas, dotadas de todo lo necesario para la vida y la bondad, no podemos llegar a entender del todo esta nueva creación como consecuencia de la presencia continua del pecado.

Al igual que Pablo, nos deleitamos «en la ley de Dios» (v. 22), y sólo la verdad de la vida eterna que mora en nosotros puede explicar ese amor hacia ella. Pero, al mismo tiempo, la carne nos oprime y nos aprisiona, como la mortaja de alguien que acaba de salir de la tumba. La carne está en guerra con la nueva vida en Cristo. Aunque nos deleitamos en la ley de Dios, tenemos «otra ley» en nosotros que «se rebela contra la ley de ... [nuestra] mente» (v. 23).

¿Cómo es posible? Pablo había escrito unos capítulos antes en la misma epístola que ya no éramos más esclavos del pecado sino que, de hecho, habíamos sido «libertados del pecado y hechos siervos de Dios» (6:22). ¿Cómo puede admitir ahora que somos llevados «cautivo[s] a la ley del pecado»?

Ser un esclavo no es lo mismo que ser llevado cautivo. Cuando éramos pecadores, antes de ser redimidos, nos sometíamos por propia voluntad a la esclavitud del pecado. En nuestra posición de cristianos todavía no glorificados somos aún «cautivos», prisioneros, aunque no lo deseemos, de un enemigo ya derrotado. El pecado puede azotarnos y malherirnos, pero no destruirnos, ya que su dominio y autoridad se han acabado. Aunque todavía «está» en la vida del creyente (7:21), a quien debemos nuestra fidelidad no es a él, sino a la justicia. Este es el sentido de la expresión «las cosas ... todas son hechas nuevas» (2 Co.

5:17), a pesar de que a menudo dé la impresión de que caigamos bajo la influencia de la pecaminosa manera de pensar y actuar.

Y es que Dios, antes de cambiarnos por fuera nos cambia por dentro. Ha plantado en nosotros la semilla incorruptible de la vida eterna, muy dentro de nuestra alma. Ahora tenemos un deseo nuevo y un poder nuevo para agradar a Dios. Tenemos un corazón nuevo y un amor hacia Dios totalmente nuevo. Y todos esos factores son los que contribuyen, en última instancia, a ese crecimiento que Dios nos da por su gracia.

Pablo ilustra de una manera fascinante esa transformación de dentro hacia fuera que experimentan los creyentes. En 2 de Corintios capítulo 3 compara las consecuencias de la salvación con lo que le sucedió a Moisés al acceder a la gloria de Dios en el Sinaí. El apóstol les recuerda a los corintios que cuando Moisés bajó del monte, después que le fuese entregada la ley, la cara le resplandecía hasta tal punto que tuvo que cubrírsela para que el pueblo de Dios pudiese mirarle sin dañarse los ojos (Éx. 34:29-33). Y, a pesar de todo, era una gloria pasajera (2 Co. 3:7), tan sólo un reflejo.

Por el contrario, «la gloria venidera que en nosotros ha de manifestarse» (Ro. 8:18) es una gloria que no cesa de crecer y que no es tan sólo fruto de un reflejo, sino que proviene de dentro de nosotros. Esto es lo que Pablo escribe: «Por tanto, nosotros todos, mirando a cara descubierta como en un espejo la gloria del Señor, somos transformados de gloria en gloria en la misma imagen, como por el Espíritu del Señor».

O lo que es lo mismo, el Espíritu de Dios nos conduce de un nivel de gloria al siguiente. Lo que vemos al mirar en ese «espejo» es el reflejo de «Cristo en nosotros, la esperanza de gloria» (Col. 1:27) y, a medida que seguimos contemplando su gloria, nuestra semejanza de la imagen de Cristo crece más y más. Llegará el día en el que ya no le veremos sólo como una imagen difusa reflejada, sino que nos encontraremos corporalmente en su presencia: «Ahora vemos por espejo, oscuramente; mas entonces veremos cara a cara» (1 Co. 13:12). Y con sólo echar una mirada a la persona de Cristo seremos inmediatamente transformados en seres a su imagen; «seremos semejantes a él, porque le veremos tal como él es» (1 Jn. 3:12).

Aunque el pecado ha maltratado nuestras almas y herido nuestros espíritus (aunque nos haya dejado cicatrices en el pensamiento, voluntad y emociones), los que conocemos a Cristo ya hemos podido saborear lo que significa la redención. Por ello gemimos a la espera del día en que habremos de ser redimidos por completo. Suspiramos con el deseo de alcanzar el lugar donde la semilla de perfección que ha sido plantada en nosotros florecerá hasta la plenitud, donde seremos completamente redimidos y, por fin, perfeccionados (He. 12:23). Eso es el cielo, ni más ni menos.

LA REDENCIÓN DEL ALMA

En el cielo perderemos de una vez para siempre todos los rastros de la caída del hombre. Lo cierto es que nadie podrá entrar o morar en él a no ser que sea absolutamente perfecto. Las Escrituras a menudo utilizan como símbolo de este hecho la imagen de los redimidos llevando ropas blancas en el cielo. Esto es lo que Apocalipsis 6:11 dice acerca de los mártires: «Y se les dieron vestiduras blancas, y se les dijo que descansasen todavía un poco de tiempo, hasta que se completara el número de sus consiervos y sus hermanos, que también habían de ser muertos como ellos». Las vestiduras blancas simbolizan la santidad, la pureza y la perfección absoluta. En Apocalipsis 7:14 uno de los ancianos dice: «Estos son los que han salido de la gran tribulación, y han lavado sus ropas, y las han emblanquecido en la sangre del Cordero». Una y otra vez, la Biblia hace hincapié en la perfección de quienes van a ir al cielo.

Las Escrituras nos dicen que sin santidad «nadie verá al Señor» (He. 12:14). Dios no nos justifica y nos reviste de una justicia posicional para después dejarnos ligados a esa mortaja que para nosotros representa la carne, sino que a través de su amor y su gracia nos va transformando —corazón, alma, mente y carne— para hacernos conforme a la majestuosa posición a la que nos ha elevado.

Pero no nos equivoquemos. Esto no significa que nuestra santidad personal sea la base sobre la cual obtengamos entrada en el cielo o la razón por la que Dios nos acepte. De ser así, nadie podría llegar a hacer lo suficiente para merecer el cielo. La entrada en el cielo se nos ofrece por gracia, y sola y exclusivamente a través de la justicia perfecta de Cristo, la cual pasa a ser también nuestra al ser justificados. La santidad que se nos ha dado al ser santificados no se basa en absoluto en nuestros méritos.

Además, la santidad que produce nuestra salvación nunca sería en sí misma suficiente para hacernos aceptos para entrar en el cielo. En el cielo seremos *totalmente* hechos a la imagen de Cristo. La santificación es el proceso terrenal de crecimiento por el cual avanzamos hacia esa meta; la *glorificación* es la consecución inmediata de dicha meta. Dios nos glorifica por su gracia de forma instantánea y nos admite en su presencia. Como ya se dijo en el capítulo tres, no va a haber ningún período previo de espera, ningún sueño del alma, ningún purgatorio.

Los yerros en este último aspecto llegan a ser de consideración. Esto es lo que escribió ni más ni menos que el pensador protestante C.S. Lewis:

> Nuestras almas *necesitan* un purgatorio, ¿no es cierto? ¿No se nos romperían acaso los corazones si Dios nos dijese «Es cierto, hijo mío, que te hiede el aliento y que vas vestido con harapos que gotean barro y cieno; pero no te preocupes, aquí somos almas caritativas. Nadie te recriminará por ello, y nadie se apartará de ti. Entra en este lugar de gozo.» ¿No responderíamos nosotros: «Con todos los respetos, Señor, pero si no tienes objeción, *preferiría* antes limpiarme». «¿Sabes?, es posible que te sea doloroso.» —«Aun así, Señor.»[1]

Sin embargo, en las Escrituras no aparece la más mínima alusión al purgatorio, nada que indique que nuestra glorificación vaya a ser en modo alguno traumática. Todo lo contrario; como ya hemos dicho, la Biblia apunta que en el momento en que el creyente muere, su alma es inmediatamente glorificada y entra en presencia de Dios. Salir de este mundo es ir a ver a Cristo (Fil. 1:23). Y, cuando veamos a Cristo, seremos transformados a su imagen. Se trata de una transición hecha a través de la gracia, pacífica, inofensiva e instantánea. Pablo dice que «estar ausentes del cuerpo» es «habitar con el Señor» (2 Co. 5:8, LBLA).

No olvidemos que Pablo dice que los cristianos que estén en el cielo entonces estarán «ausentes del cuerpo». El cuerpo irá a la tumba y el alma será inmediatamente admitida en el cielo. En Hebreos 12:23 también se sugiere que todos los santos que ya han muerto y están en el cielo carecerán de cuerpo, y se describe el cielo como la morada de «*los espíritus* de los justos hechos perfectos» (cursivas añadidas). Sin embargo, no permaneceremos como simples espíritus el resto de la eternidad, ya nuestros espíritus glorificados se unirán a los cuerpos glorificados en la resurrección final. (Volveremos sobre el asunto más adelante.)

¿Cómo serán esos seres ya perfeccionados? La verdad más evidente es que serán libres para siempre de la influencia del mal. Nunca más volveremos a tener sentimientos egoístas ni a decir cosas inútiles; nunca volveremos a hacer nada que no esté bien ni a tener pensamientos pecaminosos, ya que habremos sido liberados por completo de la esclavitud al pecado y podremos hacer por fin todo lo absolutamente recto, santo y perfecto delante de Dios. ¿No te parece increíble pensar que algún día vas a actuar así? La verdad es que a mí me cuesta imaginarme como un ser totalmente perfecto. ¡Pero en el cielo la imperfección no tendrá lugar!

Según Apocalipsis 21:27: «No entrará en ella ninguna cosa inmunda, o que hace abominación y mentira». Nadie que esté manchado por el pecado podrá entrar jamás en la ciudad celestial; así pues, el pecado nunca más representará una amenaza.

¿Y que pasará con los pecados que *hayamos* cometido en el pasado? Apocalipsis 22:14-15 dice lo siguiente: «Bienaventurados los que lavan sus ropas, para tener derecho al árbol de la vida, y para entrar por las puertas en la ciudad. Mas los perros estarán fuera, y los hechiceros, y los fornicarios, los homicidas, los idólatras, y todo aquel que ama y hace mentira». Puede que el pecado nos haya caracterizado alguna vez, pero ahora ya no es así. Ahora somos nuevas criaturas en Cristo, totalmente perdonadas, completamente lavadas y hechas perfectas para siempre. Como escribió Pablo a los corintios:

> *¿No sabéis que los injustos no heredarán el reino de Dios? No erréis; ni los fornicarios, ni los idólatras, ni los adúlteros, ni los afeminados, ni los que se echan con varones, ni los ladrones, ni los avaros, ni los borrachos, ni los maldicientes, ni los estafadores, heredarán el reino de Dios.* Y esto erais algunos; mas ya habéis sido lavados, *ya habéis sido santificados, ya habéis sido justificados en el nombre del Señor Jesús, y por el Espíritu de nuestro Dios.*
>
> —*1 Corintios 6:9-11,* énfasis añadido

Todos los creyentes podemos confiar en lo siguiente: Dios ya nos ha justificado para libertarnos de la culpabilidad del pecado. Ahora nos está santificando para liberarnos de la corrupción del pecado. Y en su día nos glorificará para librarnos de la existencia misma del pecado. ¡Y para siempre!

Si no eres creyente, debes apropiarte de esta verdad a través de la fe: el único antídoto para curarte del pecado que te mantiene fuera del cielo es la sangre de Cristo. Si estás cansado del pecado y desfalleces a causa de la culpabilidad, el Señor te ofrece con ternura la vida, el perdón y el sosiego eterno: «Venid a mí todos los que estáis trabajados y cargados, y yo os haré descansar» (Mt. 11:28). Él no va a rechazar a nadie: «Y al que a mí viene, no le echo fuera» (Jn. 6:37). Cristo nos los ofrece a todos: «Y el Espíritu y la Esposa dicen: Ven. Y el que oye, diga: Ven. Y el que tenga sed, venga; y el que quiera, tome del agua de la vida gratuitamente» (Ap. 22:17).

En el cielo no habrá pecado, ni sufrimiento, ni dolor, ni congoja. Nunca haremos nada que desagrade a Dios. No habrán tentaciones, porque el mundo, la carne y el diablo habrán desaparecido de la escena. No habrá persecución, ni división, ni desunión, ni odio. La oración, el ayuno, el arrepentimiento y el confesar los pecados dejarán de existir porque ya no tendrán razón de ser. No habrá nada que confesar o por lo que orar. No habrá llanto porque no habrá nada que nos entristezca. Sin el pecado y sus consecuencias, la vida en el cielo será de una bendición inimaginable.

Allí conoceremos lo que es el *placer perfecto*. El Salmo 16:11 dice: «En tu presencia hay plenitud de gozo; delicias a tu diestra para siempre». Todo lo que nos hace gemir en la actualidad será por fin eliminado, y nos encontraremos en la presencia misma de Dios, donde alcanzaremos el placer más puro y más verdadero posible. Todos los placeres que hayamos podido conocer aquí, viviendo bajo la maldición del pecado, no son más que trivialidades y nimiedades en comparación con las delicias en su estado más puro de que disfrutaremos en el cielo. Cuando Dios cree de nuevo nuestras almas podremos finalmente glorificar a Dios de una manera perfecta y disfrutar de Él, tal como Él ha previsto. Teniendo en cuenta que nada es mejor ni más grande que Dios, el simple disfrute de su presencia debe ser la esencia misma de la felicidad absoluta.

Pero en el cielo, además, tendremos un *entendimiento perfecto*. Como escribió Pablo: «Entonces conoceré como fui conocido» (1 Co. 13:12). Al igual que ahora se nos conoce exhaustivamente, nosotros también conoceremos exhaustivamente. Aun así, no puede tratarse de una referencia a la omnisciencia, ya que ése es uno de los atributos intransferibles de Dios. Disponer del conocimiento de todas las cosas sería *ser* Dios. Pero sí que implica poseer todo el conocimiento que podamos llegar a desear. No tendremos más preguntas sin respuesta, ni nos confundiremos, ni seremos ignorantes, ni tendremos más necesidad de andar por fe en vez de por vista.

Viviremos en medio de una *comodidad perfecta*. Nunca más experimentaremos momentos desagradables. En el relato que narró Jesús sobre el mendigo Lázaro y el hombre rico, Abraham le decía a éste último, que se encontraba en el infierno: «Hijo, acuérdate que recibiste tus bienes en tu vida, y Lázaro también males: pero ahora éste es consolado aquí, y tú atormentado» (Lc. 16:25). Al infierno se irá para sufrir tormento; al cielo para ser confortado.

Conoceremos al fin lo que es el *verdadero amor*. Primera de Corintios 13:13 dice: «Ahora permanecen la fe, la esperanza y el amor, estos tres; pero el mayor de ellos es el amor». ¿Por qué es el amor la mayor de estas tres virtudes? Porque es la única eterna. En el cielo todas nuestras esperanzas se harán realidad: «Pero la esperanza que se ve, no es esperanza; porque lo que alguno ve ¿a qué esperarlo?» (Ro. 8:24). Todo aquello a lo que nos hemos aferrado a través de la fe será nuestro para siempre. La fe será absorbida por la vista. Pero nuestro amor hacia los demás será perfecto y también el de los demás hacia nosotros, y así por toda la eternidad. Juan 13:1 dice que Cristo amó a sus discípulos *eis telos*; es decir, hasta el final, hasta la perfección absoluta. Ese mismo amor va a ser el que nos rodee durante toda la vida eterna. Por fin seremos capaces de corresponder con un amor perfecto.

Para resumir podríamos decir que el cielo es un lugar de *gozo perfecto*. Durante la vida, nuestro gozo se ve mezclado con sufrimiento, desánimo, decepción y preocupación. El pecado, el dolor y el sufrimiento echan por tierra la felicidad. Si miramos con sinceridad esta vida nos daremos cuenta de que produce más llanto que verdadera alegría. La vida empieza llena de gozo al nacer, pero inevitablemente termina con el dolor que produce la separación y la muerte. Pero las cosas serán diferentes en el cielo, ya que es un lugar de deleite inacabable. El Señor Jesús dijo al final de la parábola de los talentos al siervo fiel: «Bien, buen siervo y fiel ... entra en el gozo de tu señor» (Mt. 25:23).

La utilización de estas palabras por parte de Jesús denota que una de las características predominantes del cielo es el gozo. Y lo mejor de todo es que se trata de un gozo inacabable e inalterable. Así debe ser, ya que la perfección del cielo no puede sufrir cambios.

CUERPOS GLORIFICADOS

Como ya hemos indicado, el cielo no es simplemente un estado mental. Es un lugar real en el que los redimidos tendremos cuerpos reales a semejanza del cuerpo de resurrección de Jesucristo.

La resurrección resulta vital

Dios hizo al hombre con cuerpo y alma: estamos formados por un hombre interior y uno exterior (Gn. 2:7). Por tanto nuestra perfección exige que tanto el cuerpo como el alma sean renovados. Hasta la creación de los cielos nuevos y la tierra nueva exige que tengamos cuerpos: una tierra real precisa que sus habitantes tengan cuerpos reales. Si nos acercamos a la Biblia con honestidad veremos que estas verdades de las que hemos hablado no se pueden interpretar desde un punto de vista espiritualizado o alegórico. Si la vida eterna sólo fuese un estado mental todas las promesas de las Escrituras, que, por cierto, son muchas, caerían por su propio peso.

El resultado de la muerte es la separación del cuerpo y el alma. Los cuerpos van a la tumba y las almas a la presencia del Señor. Y esa separación se produce hasta la resurrección: «Vendrá hora cuando todos los que están en los sepulcros oirán su voz; y los que hicieron lo bueno, saldrán a resurrección de vida; mas los que hicieron lo malo, a resurrección de condenación» (Jn. 5:18-29). Ahora, las almas de los creyentes que han muerto están en el cielo. Pero llegará el día en que sus cuerpos resucitarán y se unirán a sus espíritus; entonces disfrutarán de la perfección eterna de cuerpo y alma.

Paralelamente, los cuerpos de los incrédulos que han muerto y que están enterrados se encuentran en el infierno. Y también llegará el día en que sus cuerpos resucitarán, saldrán de la tumba y se unirán a sus espíritus. Y entonces se presentarán, en cuerpo y alma, delante del trono de Dios para ser juzgados. Posteriormente serán físicamente lanzados en el lago de fuego (cp. Mt. 5:30).

Los cristianos no tenemos por qué tener miedo de ese juicio, ya que los que estamos en Cristo no podemos sufrir condenación (Ro. 8:21). Esperamos *ansiosamente* la redención de nuestros cuerpos (v. 23): «Y por esto también gemimos [en este cuerpo], deseando ser revestidos de aquella nuestra habitación celestial» (2 Co. 5:2). ¿Qué significa exactamente? ¿Significa que todos vamos a recibir cuerpos nuevos? ¿Se parecerán a los cuerpos que tenemos actualmente? ¿Nos pareceremos en algo a como somos ahora?

En primer lugar, los cuerpos de resurrección *serán* los mismos que tenemos en la tierra, pero glorificados. Los cuerpos que recibiremos en el día de resurrección tendrán las mismas características que el cuerpo de Jesús después de resucitar, porque «sabemos que cuando él se manifieste, seremos semejantes a él, porque le veremos tal como él es» (1 Jn. 3:2).

Y el cuerpo de resurrección de Cristo era el mismo que había tenido antes, y no uno enteramente nuevo. Cuando se levantó de entre los muertos la tumba quedó vacía, salió de ella físicamente, con el mismo cuerpo de antes, si bien glorificado. Todavía llevaba las heridas de la crucifixión (Jn. 20:27) y se le podía tocar, no era una simple aparición o un fantasma (Lc. 24:39). Tenía, en todos los aspectos, una apariencia humana. Estuvo hablando bastante tiempo con los discípulos camino de Emaús y éstos en ningún momento pusieron en duda su humanidad (Lc. 24:13-18). En otra ocasión también comió comida de verdad junto con sus amigos (vv. 42-43). Pero, por otro lado, su cuerpo también poseía propiedades extraordinarias: podía atravesar las paredes (Jn. 20:19), podía manifestarse de formas distintas para que no se le reconociese en seguida (Mr. 16:12), podía aparecer de repente, sin que se supiese de dónde venía (Lc. 24:36) y podía ascender directamente al cielo en forma corporal (Lc. 24:51; Hch. 1:9).

Así serán nuestros cuerpos. Pablo escribe que el Señor «transformará el cuerpo de la humillación nuestra, para que sea semejante al cuerpo de la gloria suya» (Fil. 3:21). Serán reales, físicos, totalmente humanos (exactamente iguales a los que tenemos ahora en la tierra), aunque glorificados y hechos perfectos. En 2 de Corintios 5:1 se describe nuestro cuerpo de resurrección como «una casa no hecha de manos, eterna, en los cielos».

En Primera de Tesalonicences capítulo 4 se nos relata la resurrección de los cuerpos de los creyentes que han muerto y el ascenso al cielo de los creyentes que todavía permanecen vivos:

> *Tampoco queremos, hermanos, que ignoréis acerca de los que duermen, para que no os entristezcáis como los otros que no tienen esperanza. Porque si creemos que Jesús murió y resucitó, así también traerá Dios con Jesús a los que durmieron en él. Por lo cual os decimos esto en palabra del Señor: que nosotros que vivimos, que habremos quedado hasta la venida del Señor, no precederemos a los que durmieron, porque el Señor mismo con voz de mando, con voz de arcángel, y con trompeta de Dios, descenderá del cielo; y los muertos en Cristo resucitarán primero. Luego nosotros los que vivimos, los que hayamos quedado, seremos arrebatados juntamente con ellos en las nubes para recibir al Señor en el aire, y así estaremos siempre con el Señor.*
>
> —*vv. 13-17*

Los creyentes que ya hayan muerto serán los primeros en unirse a su cuerpo glorificado, luego vendrá el turno de los que aún estén vivos, que serán arrebatados e inmediatamente «transformados», es decir, glorificados. De manera que todos los cristianos que todavía vivan cuando Cristo vuelva serán perfeccionados. Démonos cuenta de que tanto los cuerpos de los vivos como los de aquellos que hayan muerto serán renovados y glorificados.

La doctrina de la resurrección del cuerpo tiene una importancia capital en el mensaje del cristianismo. En 1 de Corintios capítulo 15 (el capítulo que más trata el asunto), Pablo arremete con firmeza en contra de los que puedan poner en duda esta realidad: «Pero dirá alguno: ¿Cómo resucitarán los muertos? ¿Con qué cuerpo vendrán? Necio...» (vv. 35-36). Se trata de una de las exhortaciones más incisivas del conjunto de escritos de Pablo. Y es que para Pablo resulta una doctrina fundamental. Rechazarla es aceptar pensamientos anticristianos: «Porque si los muertos no resucitan, tampoco Cristo resucitó; y si Cristo no resucitó, vuestra fe es vana; aún estáis en vuestros pecados» (vv. 16-17).

Ilustraciones acerca de la resurrección

Pablo utiliza una serie de ilustraciones para explicar la resurrección del cuerpo. La primera de ellas la toma prestada de las enseñanzas de Cristo. Esto es lo que Jesús dijo: «Si el grano de trigo no cae en la tierra y muere, queda solo; pero si muere, lleva mucho fruto» (Jn. 12:24).

El Apóstol aplica la misma imagen al cuerpo de resurrección: «Lo que tú siembras no se vivifica, si no muere antes. Y lo que siembras no es el cuerpo que ha de salir, sino el grano desnudo, ya sea de trigo o de otro grano» (1 Co. 15:36-37). Cuando se planta una semilla, lo primero que hace es morir. Lo que hace que emerja una nueva vida es el proceso de fermentación y descomposición. De manera parecida, nuestros cuerpos morirán, serán plantados en la tumba y después se alzarán, al igual que la semilla muere para generar una planta mucho más gloriosa que ella misma.

La semilla también contiene la información necesaria para el crecimiento de la planta. Dentro de una bellota se encuentra todo el código genético de una encina. De la misma manera, nuestros cuerpos de resurrección se asemejarán a los cuerpos enterrados, pero tendrán una gloria sin comparación a la de éstos. La descomposición de la voluntad terrenal no hará más que facilitar la formación del cuerpo glorificado de resurrección: sin ninguna de las faltas del cuerpo anterior y con todo lo necesario para llevar una existencia perfecta en el cielo.

Esto responde a la pregunta: «¿Cómo resucitarán los muertos?» (v. 35). Pablo emplea una segunda ilustración en respuesta a la siguiente de las dudas planteadas: «¿Con qué cuerpo vendrán?». Lo que se sugiere con esta pregunta, un tanto burlona, es que resulta absurdo pensar que el cuerpo humano esté preparado para la vida en el cielo. Y la respuesta de Pablo resalta lo absurdo de pensar en el cuerpo de resurrección como un cuerpo humano «normal». Después de todo, hasta nuestro limitado conocimiento terrenal nos permite comprender que «no toda carne es la misma carne, sino que una carne es la de los hombres, otra carne la de las bestias, otra la de los peces, y otra la de las aves» (v. 39). El cuerpo de resurrección será, no quepa duda, de un tipo de carne diferente al actual, al que tenemos en la tierra. Será, literalmente hablando, un cuerpo humano, aunque lleno de gloria y perfección: tan diferente del que tenemos ahora como diferentes son la carne humana y la carne de los pájaros.

Siguiendo con la misma línea de pensamiento, el apóstol subraya: «Y hay cuerpos celestiales, y cuerpos terrenales; pero una es la gloria de los celestiales, y otra la de los terrenales. Una es la gloria del sol, otra la gloria de la luna, y otra la gloria de las estrellas, pues una estrella es diferente de otra en gloria» (vv. 40-41). Ya que Dios lo ha creado todo, desde el bichito más pequeño que se arrastra por el suelo hasta el más enorme de los sistemas estelares, tiene poder para hacer el tipo de cuerpo que le plazca. La creación de Dios es de una variedad infinita. ¿Qué razón hay para cuestionar su capacidad de crear cualquier tipo de cuerpo de resurrección?

Pablo concluye del siguiente modo, resumiendo lo dicho hasta entonces mediante los distintos ejemplos: «Así también es la resurrección de los muertos. Se siembra en corrupción, resucitará en incorrupción. Se siembra en deshonra, resucitará en gloria; se siembra en debilidad, resucitará en poder. Se siembra cuerpo animal, resucitará cuerpo espiritual. Hay cuerpo animal, y hay cuerpo espiritual» (vv. 42-44).

Como las semillas, los cuerpos de resurrección se siembran y después crecen. Las tumbas de los hombres son la tierra de cultivo de la resurrección, de unos cuerpos de resurrección nuevos, transformados en todos los sentidos, hasta lo inimaginable. Unos cuerpos plantados en medio de muerte y corrupción, pero que se alzaran para no *perecer nunca más*; enterrados como si de deshechos se tratase, ignominiosamente colocados bajo tierra, pero que se levantarán llenos de *gloria*. Mientras permanecen sepultados no son más que objetos muertos, inanimados e impotentes, pero se elevarán llenos de *poder*. Se plantan como materia sin vida, pero se alzarán rebosantes de vida y *espiritualidad*.

Todo lo hemos dicho no hace sino enfatizar que en el cielo tendremos cuerpos reales y perfectos, en todo momento y para siempre. Nunca más descubrirás que tienes arrugas o entradas al mirarte al espejo. Nunca más volverás a estar indispuesto. Nunca más te harás daño, ni enfermarás, ni sufrirás las consecuencias de las alergias. En el cielo no habrá nada de eso; sólo perfección absoluta e inmarcesible.

Por supuesto, también seremos capaces de hacer cosas increíbles. No olvidemos que la ciudad santa tiene una altura de más de dos mil kilómetros, y no esperes encontrar ascensores para subir hasta arriba. Naturalmente, podremos volar (o, si lo prefieres, tendremos la capacidad de desplazarnos instantáneamente de un sitio a otro), de la misma manera que el cuerpo de resurrección de Cristo podía, aparentemente, aparecer y desaparecer a voluntad.

Pero, por encima de todo, seremos *semejantes a Cristo*. El apóstol Pablo escribe lo siguiente:

> *Así también está escrito: Fue hecho el primer hombre Adán alma viviente; el postrer Adán, espíritu vivificante. Mas lo espiritual no es primero, sino lo animal; luego lo espiritual. El primer hombre es de la tierra, terrenal; el segundo hombre, que es el Señor, es del cielo. Cual el terrenal, tales también los terrenales; y cual el celestial, tales también los celestiales.*
>
> —*1 Corintios 15:45-48*

En este pasaje, Pablo compara dos cabezas de familia; Adán, nuestro padre según la carne, el progenitor de toda la raza humana, y Cristo, nuestro padre espiritual, el primero de la nueva raza de redimidos. De la misma manera que nuestros cuerpos terrenales descienden de Adán y se parecen a él, en el cielo serán semejantes a Jesucristo: incorruptibles, eternos, glorificados, poderosos y espirituales.

Así que el mejor espejo en el que mirar cómo seremos en el futuro es el cuerpo de resucitado de Jesucristo. En el cielo tendremos un cuerpo totalmente preparado para que la plenitud de vida de Dios habite en él y se exprese a través de él para siempre. Podremos comer, aunque no tendremos necesidad de hacerlo. Será un cuerpo que se podrá desplazar a voluntad de un sitio a otro y de una materia a otra. Un ser eterno que no conocerá dolor, llanto, sufrimiento, enfermedad ni muerte.

También brillará de esplendor. El cuerpo de Cristo se nos describe como algo tan brillante como el sol (Ap. 1:16). Y en la promesa del Antiguo Testamento, las Escrituras comparan nuestros cuerpos glorificados con el resplandor de la luna y las estrellas: «Los entendidos resplandecerán como el resplandor del firmamento; y los que enseñan la justicia a la multitud, como las estrellas a perpetua eternidad» (Dn. 12:2).

¿Entiendes ahora por qué resulta irracional perseguir el máximo deleite y la máxima comodidad en esta tierra? El plan de Dios (hacernos como Cristo) es infinitamente mejor. ¿Por qué siempre ponemos el corazón en las cosas pasajeras de la tierra? Buscar lo terrenal es buscar lo que nunca podrá satisfacernos. Vivir de esa manera sólo acentúa nuestra desdicha.

¿CUÁL SERÁ NUESTRO TRATO CON LOS DEMÁS REDIMIDOS?

Hasta el momento apenas nos hemos referido al trato que tendremos con las demás personas en el cielo. Y, sin embargo, es uno de los aspectos que más interesan a los cristianos. ¿Reconoceremos a nuestros seres queridos? ¿Persistirá el amor y la comunión familiar en el cielo? ¿Cómo nos relacionaremos con los demás? ¿Nos relacionaremos con ellos como lo hacemos en la tierra?

La pregunta que más se me formula acerca del cielo es la siguiente: «*¿Seguiré casado con la misma mujer en el cielo?*». Pero lo que implícitamente quiere decir la mayoría es: «No quisiera perder la relación que tengo con mi mujer; no me puedo imaginar en el cielo sin estar casado con ella» (aunque puede que algunos tengan la secreta esperanza de que no sea así; ¡no estoy del todo seguro de por qué me pregunta tanta gente lo mismo!).

La Biblia tiene respuestas específicas para ese tipo de preguntas. Esto es lo que Pablo dijo, por ejemplo, sobre el tema del matrimonio y la familia:

> *Pero esto os digo, hermanos: que el tiempo es corto; resta pues, que los que tienen esposa sean como si no la tuviesen; y los que lloran, como si*

> *no llorasen; y los que se alegran, como si no se alegrasen; y los que compran, como si no poseyesen; y los que disfrutan de este mundo, como si no lo disfrutasen; porque la apariencia [en griego «esquema»] de este mundo se pasa.*
>
> —*1 Corintios 7:29-31*

El Apóstol hace un recuento de las cosas que pasan: el matrimonio, el llanto, la alegría terrenal y las posesiones. Todos los *esquemas* de este mundo pasan. La palabra *esquema* se refiere a las modas, a los modos de vida y a la manera de hacer las cosas.

Lo que Pablo pretende decir es que deberíamos aprovecharnos de lo que la vida nos da, pero sin dejarnos absorber por ella, ya que todo lo que comprende forma parte de un *esquema* temporal. Aunque los privilegios del matrimonio son maravillosos y las responsabilidades que deriva enormes, no debemos permitir que el matrimonio sea para nosotros una excusa para no servir a Dios, hacer tesoros en el cielo o poner la mira en las cosas de arriba.

Aun así, Pablo no está poniendo en duda la legitimidad de las bendiciones de la tierra como por ejemplo el matrimonio, los sentimientos propios de las personas, o las propiedades terrenales. Simplemente deja claro que no deberíamos permitir que los sentimientos y las posesiones nos controlen hasta el punto de provocar que nos quedemos enredados en este mundo pasajero.

El matrimonio y las demás circunstancias propias de esta vida pueden interferir a veces en las cuestiones más importantes, las cuestiones eternas. Pablo escribió en su día que «el soltero tiene cuidado de las cosas del Señor, de cómo agradar al Señor; pero el casado tiene cuidado de las cosas del mundo, de cómo agradar a su mujer» (1 Co. 7:32-33). Así que, si puedes seguir soltero, hazlo. Concéntrate en las cosas del Señor, ya que el matrimonio sólo es algo temporal.

Y si ya estás casado, lo que hemos dicho no implica que debas actuar con indiferencia hacia tu matrimonio. La Biblia subraya en demasiados lugares la importancia del matrimonio como para no tenerlo en cuenta y exhorta a maridos y mujeres a que honren a Dios a través de su relación mutua. Este pasaje simplemente recalca la naturaleza temporal del matrimonio. Los esposos son herederos conjuntos de la gracia que *esta* vida produce (cp. 1 P. 3:7), sin embargo, la institución que representa el matrimonio pasará. Las características de la vida eterna son muy superiores.

El mismo Jesús enseñó que el matrimonio era sólo una institución temporal. En Mateo capítulo 22 se relata un incidente que se produjo cuando algunos saduceos se acercaron a Él para intentar hacerle caer en una trampa. Estaban discutiendo con los fariseos, quienes afirmaban que después de la resurrección todos íbamos a tener el mismo parentesco que en la tierra. Creían que los maridos seguirían casados con las mujeres que tenían en la tierra y que tendrían la misma familia para toda la eternidad. Los saduceos querían que Jesús tomase partido en la cuestión, de manera que le plantearon a Jesús un dilema moral absurdo tomando como base la ideología de los fariseos.

Le preguntaron: «Maestro, Moisés dijo: Si alguno muriere sin hijos, su hermano se casará con su mujer, levantará descendencia a su hermano» (v. 24). (En efecto, ese era el principio mosaico que se nos enseña en Deuteronomio capítulo 25, y que estaba pensado para proteger la herencia de las líneas de descendencia.) Le estaban presentando a Jesús un suceso hipotético:

> *«Hubo, pues, entre nosotros siete hermanos; el primero se casó, y murió; y no teniendo descendencia, dejó su mujer a su hermano. De la misma manera también el segundo, y el tercero, hasta el séptimo. Y después de todos murió también la mujer. En la resurrección, pues, ¿de cuál de los siete será ella mujer, ya que todos la tuvieron?*
>
> *—vv. 25-28*

La respuesta de Jesús vino en forma de reprimenda, porque los saduceos habían pasado por alto lo que decían las Escrituras: «Erráis, ignorando las Escrituras y el poder de Dios. Porque en la resurrección ni se casarán ni se darán en casamiento, sino que serán como los ángeles de Dios en el cielo» (vv. 29-30).

Eso es lo mismo que decir que los ángeles no pueden procrear. Tampoco será posible en el cielo. Toda razón de existir del matrimonio desaparecerá. Aquí, en la tierra, el hombre necesita quien le ayude, la mujer necesita un protector, y Dios los ha creado a ambos de modo que puedan tener hijos. En el cielo, el hombre ya no necesitará quien le ayude porque será perfecto, y la mujer no precisará protector porque también será perfecta, y el número de habitantes del cielo no variará. Por lo tanto, el matrimonio se convertirá en una institución innecesaria.

Algunas personas piensan que la respuesta de Jesús a los saduceos implica que en el cielo seremos asexuales. Pero esa no tiene por qué ser la conclusión correcta. En ningún lugar de la Biblia se dice que no vayamos a tener sexo en el cielo. Lo que sí está claro es que Jesús aparentaba haberse vuelto andrógino una vez resucitado. Cuando María lo vio tras la resurrección pensó se trataba del hortelano, y le llamó: «Señor» (Jn. 20:15). Otros, en cambio, sí le reconocieron. Nuestro sexo es parte de nuestra identidad; la Biblia en ningún lugar sugiere que los hombres vayamos a dejar de ser hombres y la mujeres de ser mujeres. Pero eso no quita el que la gente deje de casarse y de darse en casamiento. El matrimonio, como institución, desaparecerá.

¿Y qué se supone que debemos pensar de todo esto los maridos «felizmente casados»? Yo quiero a mi mujer. Es mi mejor amiga y mi compañera más querida en cada aspecto de la vida. Si piensas lo mismo de tu mujer ¡no te desesperes!, porque el compañerismo eterno que gozarás en el cielo rebasará con creces en perfección los afectos de este mundo. La diferencia radica en que tendrás la misma perfecta relación con todos los habitantes del cielo. Si te parece maravilloso tener una relación tan profunda con tu esposa, ¡imagina lo que debe ser tener una unión así con todas las personas que vivan en la expansión de los cielos! ¡Y para siempre!

Puede que la segunda de las preguntas que más se me formula sea: «*¿Nos reconoceremos el uno al otro?*». Y la respuesta es que sí. En el cielo seremos quienes somos ahora, y por el resto de la eternidad, sólo que sin fallos ni debilidades. Todos los textos bíblicos parecen confirmar esta idea.

Por ejemplo, cuando una persona moría en tiempos del Antiguo Testamento, los autores de la Biblia decían que «se unía a su pueblo» (cp. Gn. 25:8; 35:29; 49:29; Nm. 20:24; Jue. 2:10). En 2 de Samuel capítulo 12, el rey David se mostró confiado al morir su hijo recién nacido, diciendo: «Yo voy a él, mas él no volverá a mí» (v. 23). Evidentemente, David tenía la confianza de volver a ver a su hijo, no como un niño sin nombre, un alma sin rasgos distintivos, sino como el hijo mismo que había engendrado.

El Nuevo Testamento todavía deja más claro el hecho de que nuestra identidad personal permanecerá intacta. Mientras celebraban la Pascua, Cristo le dijo a sus discípulos, que estaban alrededor de la mesa: «Tomad esto [la copa], y repartidlo entre vosotros; porque os digo que no beberé más del fruto de la vid, hasta que el reino de Dios venga» (Lc. 22:17-18). Cristo les estaba prometiendo a sus discípulos que, en su día, *volverían* a beber juntos del fruto de la vid en el cielo. Las promesas que Jesús nos hace en los demás lugares de los evangelios todavía dejan menos lugar a las dudas: «Vendrán muchos del oriente y del occidente, y se sentarán con Abraham e Isaac y Jacob en el reino de los cielos» (Mt. 8:11).

Todos los redimidos mantendrán para siempre su identidad como personas, si bien perfecta. Podremos tener comunión con Enoc, Noé, Abraham, Jacob, Samuel, Moisés, Josué, Ester, Elías, Eliseo, Isaías, Daniel, Ezequiel, David, Pedro, Bernabé, Pablo o con cualquier otro santo.

No olvidemos que Moisés y Elías aparecieron junto a Cristo en el monte de la transfiguración. Aunque hacía siglos que habían muerto, todavía tenían identidad propia (Mt. 17:3). Más aún, es evidente que Pedro, Santiago y Juan los reconocieron (v. 4), lo que implica que, en el cielo, vamos a ser capaces de reconocer incluso a quienes no hemos visto antes. Y para que eso sea posible es preciso que todos mantengamos nuestra identidad personal, y no que nos transformemos en una especie de seres etéreos.

Cuando los saduceos intentaban que Jesús cayese en su trampa, el Señor citó las palabras que Dios le había dirigido a Moisés en Éxodo 3:6: «Yo soy el Dios de tu padre, Dios de Abraham, Dios de Isaac y Dios de Jacob». A lo que Jesús añadió: «Dios no es Dios de muertos, sino de vivos» (v. 32). Lo que quiso decir fue, sencillamente, que Abraham, Isaac y Jacob todavía vivían, y que Dios continuaba siendo su Dios. También el relato de Lázaro y el hombre rico da a entender que *los dos* conservaron sus identidades personales, a pesar de que Lázaro se encontraba en el cielo y el hombre rico en el infierno.

Otra pregunta bastante habitual es: «*¿Estaré con mi familia y mis amigos en el cielo?*». Naturalmente, la respuesta a esta pregunta queda implícita en todo lo que ya hemos dicho antes, y es: «sí». No sólo estaremos con nuestras familias y seres queridos, sino también con los hijos de Dios de todas las épocas. En el cielo todos formaremos parte de una familia unida por los lazos del amor. El enorme tamaño de la familia no importará, porque el cielo es un lugar infinitamente perfecto. Habrá tiempo de sobras para construir amistades profundas con todos los santos; de hecho, pasaremos la eternidad rodeados de una comunión gratificante y perpetua.

El apóstol Pablo describe así la venida del Señor y la resurrección de los santos ya fallecidos: «Luego nosotros los que vivimos, los que hayamos quedado, seremos *arrebatados juntamente con ellos* en las nubes para recibir al Señor en el aire, y así estaremos siempre *con el Señor*» (1 Ts. 4:17, cursivas añadidas). La intención de Pablo parece clara: consolar a algunos de los tesalonicenses que pensaban que los seres queridos que ya habían muerto se iban a perder el regreso de Cristo. En el versículo 18 Pablo dice: «Alentaos los unos a los otros con estas palabras». Ese *aliento* es la consecuencia de tener depositadas las esperanzas en la futura reunión. Poco aliento sentiríamos si no nos fuésemos a reconocer unos a otros. Así que la promesa de Pablo de que todos estaremos «juntos» para siempre implica que volveremos a tener comunión con todas las personas a las que hemos conocido.

En palabras del teólogo A.A. Hodge:

> En cielo, en tanto que hogar eterno del Hombre divino y de todos los miembros redimidos de la raza humana, debe tener, necesariamente, unas estructuras, condiciones y actividades humanas. Todos sus deleites y quehaceres deben ser racionales, morales, sensibles, voluntarios y activos. Allí se deben poder ejercitar todas las facultades, complacer todos los gustos, desarrollar todos los talentos y habilidades y llevar a la práctica todos los ideales. La razón, la curiosidad intelectual, la imaginación, las propensiones estéticas, los intereses santos, la interrelación social, la inagotable fuente de fuerza y poder innata en el alma humana: todo ello debe hallar en el cielo un lugar donde ponerse en práctica y satisfacerse.[2]

Si estás nervioso porque crees que en el cielo te vas a sentir fuera de lugar, deja de preocuparte. El cielo será para ti un hogar mucho más propio que el rincón más querido de todo el planeta Tierra. El Señor, en su ternura y amor, lo ha creado para que vivamos allí por toda la eternidad y disfrutemos de Él para siempre, en la plenitud de nuestra humanidad glorificada.

Acaso es de extrañar que el salmista dijera: «Estimada es a los ojos de Jehová la muerte de sus santos?» (Sal. 116:15).

COMUNIÓN INQUEBRANTABLE CON DIOS

Sin lugar a dudas, lo más maravilloso de todo el cielo —lo que hace que sea el súmmum de las delicias— será la inquebrantable comunión que mantendremos con Dios mismo.

Primera de Juan 1:3 describe nuestra salvación en términos de comunión con Dios: «Nuestra comunión verdaderamente es con el Padre, y con su Hijo Jesucristo». Cuando nos convertimos iniciamos una relación espiritual íntima de comunión con Dios. Su vida pasa a ser nuestra vida, su voluntad la nuestra y sus propósitos los nuestros. Aunque el pecado todavía enturbia nuestro andar con Cristo en la tierra, la mayor parte de nuestra alma regenerada está unida al Dios vivo y en comunión con el Cristo vivo.

En otras palabras, la salvación establece un vínculo de comunión con Dios. Podemos hablar y comunicarnos con Él. Nos dirigimos a Él en oración como nuestro padre amado que es, tratándole —según la terminología que más apreciaba Pablo— de «Abba». Le escuchamos hablar en su Palabra, y se manifiesta de manera providencial en nuestras vidas, para revelarse a sí mismo. Y disfrutamos de una comunión espiritual real con Él.

Pero esa comunión resulta incompleta, borrosa para nuestros ojos. Como escribió Pablo: «Ahora vemos por espejo, oscuramente; mas entonces veremos cara a cara. Ahora conozco en parte; pero entonces conoceré como fui conocido» (1 Co. 13:12). Se está refiriendo a nuestra relación con Dios; una relación que en el cielo será perfecta, sin ningún obstáculo de por medio, libre de toda huella de pecado u oscuridad.

Esta es una de las muchas razones que estaban en el corazón y la mente de Jesús cuando oraba la noche en que fue traicionado. Juan capítulo 17 contiene esa oración del Señor, el sumo sacerdote. Se trata de un ruego por los discípulos, aunque también por los creyentes, sean de la época que sean. Sencillamente, así lo afirma Jesús (v. 20). Antes de completar su labor en la tierra, el Señor le pidió al Padre que le devolviese a la gloria que había tenido antes del comienzo del mundo. Oró diciendo: «Padre, aquellos que me has dado, quiero que donde yo estoy, también ellos estén conmigo, para que vean mi gloria» (v. 24). Cristo quiere que estemos *con Él*, pero eso no es todo. Fijémonos en el tipo de relación con todos los creyentes por el que ora: «Para que todos sean uno; como tú, oh Padre, en mí, y yo en ti, que *también ellos sean uno en nosotros* (v. 21, cursivas añadidas). Su plan para nosotros es que tengamos una comunión perfecta con Él, ¡una unidad muy parecida a la existente entre el Padre y el Hijo!

Se trata de un concepto tan increíble y tan profundo que resulta imposible que nuestras mentes finitas lo empiecen siquiera a entender.

Sin embargo, parece obvio que era lo primero Jesús tenía en mente al hablarles de las promesas del cielo a sus discípulos. Esto es lo que les dijo no mucho antes, durante aquella noche misma de crucifixión: «A donde yo voy, no me puedes seguir ahora; mas me seguirás después» (Jn. 13:36). Un poco más tarde, sabiendo que los discípulos estaban preocupados porque les iba a dejar, el Señor amplió la misma promesa:

> *«No se turbe vuestro corazón; creéis en Dios, creed también en mí. En la casa de mi padre muchas moradas hay; si así no fuera, yo os lo hubiera dicho; voy, pues, a preparar lugar para vosotros. Y si me fuere y os preparare lugar, vendré otra vez, y os tomaré a* mí mismo, *para que donde yo estoy, vosotros también estéis.»*
>
> —*Juan 14:1-3,* énfasis añadido

Dicho con palabras sencillas, en el cielo no sólo vamos a vivir, sino que también vamos a estar con Él. Lo que hace que el cielo sea el cielo es la presencia de Cristo. «El Cordero es su lumbrera», dice Apocalipsis 21:23. Y la perfecta comunión con Dios es la esencia misma del cielo.

No podemos pasar por alto la crucial importancia de la comunión en el resumen final que la Biblia hace del cielo: «He aquí el tabernáculo de Dios con los hombres, y él morará con ellos; y ellos serán su pueblo, y Dios mismo está con ellos como su Dios» (Ap. 21:3). Este versículo hace hincapié en la presencia íntima de Dios «con los hombres», es decir, con la humanidad. La idea que se nos presenta es que Dios mismo plantará su tienda entre los hombres para morar en medio de ellos. Todos los creyentes disfrutarán para siempre del gozo que representará la compañía de Dios.

No será como cuando Dios tenía su tabernáculo en medio de los israelitas, en el desierto. Aquella tienda que era el tabernáculo de Dios se encontraba en medio del campamento, pero era un lugar tan santo que la gente sólo podía entrar en él en ocasiones muy concretas y establecidas. Sólo al sumo sacerdote se le permitía la entrada, y sólo una vez al año, en el lugar santísimo, donde Dios mismo moraba. Como contraste, en Apocalipsis 7:15 se nos dice que «el que está sentado sobre el trono extenderá su tabernáculo sobre ellos», dando a entender que, de hecho, será Dios quien nos llevará a su propia morada.

Jesús les dijo a los discípulos: «En la casa de mi Padre muchas moradas hay», a lo que añadió: «Voy, pues, a preparar lugar para vosotros» (Jn. 14:2). ¡Jesús está preparando personalmente habitaciones para cada uno de los elegidos en la casa misma de su Padre! Con ello nos promete la más íntima de las relaciones que podamos imaginar con el Dios vivo.

En el cielo podremos ver al Señor cara a cara, algo que ahora, en la tierra, resulta imposible. Y es que fue Dios mismo quien dijo: «Porque no me verá hombre, y vivirá» (Éx. 33:20). Juan 1:18 y 1ª de Juan 4:12 dicen que «a Dios nadie le vio jamás». Primera de Timoteo 6:16 declara que «el único que tiene inmortalidad, que habita en luz inaccesible; a quien ninguno de los hombres ha visto ni puede ver». Y es que Dios, «muy limpio eres de ojos para ver el mal, ni puedes ver el agravio» (Hab. 1:13). Mientras sigamos manchados por el pecado no podremos ver a Dios, ya que la sola contemplación de tal grado de perfecta justicia nos destrozaría.

Por ello, Dios es inaccesible para los mortales, al menos cara a cara. Esto es lo que hace que la encarnación de Jesús sea algo tan maravilloso y que, aunque ningún ojo humano haya visto nunca a Dios, «el unigénito Hijo, que está en el seno del Padre, él le ha dado a conocer» (Jn. 1:18). Cristo «habitó entre nosotros» (Jn. 1:14), «y vimos su gloria, gloria como del unigénito del Padre». El Hijo vino al mundo para vivir entre nosotros, y lo hizo para redimirnos y llevarnos al cielo, al lugar donde Padre, Hijo y Espíritu Santo morarán entre nosotros, rodeándonos de perfecta comunión. ¡Una verdad así nos deja sin habla!

En el cielo, dado que ya no tendremos pecado, veremos la gloria de Dios en su plenitud, y ya no de una manera velada. Será esa una visión más placentera y espectacular que todo lo que hayamos podido ver (o imaginar) en esta tierra. Ninguno de los placeres de este mundo puede siquiera intentarse comparar con el privilegio y éxtasis derivado de contemplar abiertamente la gloria divina.

Mateo 5:8 dice: «Bienaventurados los de limpio corazón, porque ellos verán a Dios». La palabra griega de la que se ha traducido «ver» (*horao*) es un tiempo verbal que denota un hecho continuo y futuro. En el cielo estaremos viendo continuamente a Dios. Los reyes normalmente evitan el contacto directo con su pueblo, y es un gran privilegio que uno de ellos conceda una audiencia; sin embrago, ¡los creyentes gozarán en el cielo de una comunión perfecta e inquebrantable con el Rey de reyes!

Este ha sido siempre el anhelo más profundo del alma de los redimidos. El salmista dijo: «Como el ciervo brama por las corrientes de las aguas, así clama por ti, oh Dios, el alma mía. Mi alma tiene sed de Dios, del Dios vivo; ¿cuándo vendré, y me presentaré delante de Dios?» (Sal. 42:1-2). Y Felipe, hablando de parte de todos los discípulos, le dijo a Cristo: «Señor, muéstranos el Padre, y nos basta» (Jn. 14:8).

Apocalipsis 22:3-4 sella definitivamente la promesa: «El trono de Dios y del Cordero estará en ella, y sus siervos le seguirán, *y verán su rostro*» (cursivas añadidas).

David, por su parte, escribió: «En cuanto a mí, veré tu rostro en justicia; estaré satisfecho cuando despierte a tu semejanza» (Sal. 17:15). ¿Qué es lo que realmente te satisface? ¿Comprarte ropa nueva? ¿Cambiar de trabajo? ¿Ascender? ¿Comprarte una casa o un coche nuevo? ¿Una comilona? ¿Pasártelo bien? ¿Ir de vacaciones? No pongas tu corazón en esos placeres terrenales; los redimidos podremos *ver a Dios*.

David conoció en su vida todas las situaciones posibles, desde ser un simple pastor a ser un rey, con todos los honores, pasando por ser un gran guerrero. Saboreó todos los placeres de la vida. Pero sabía que, en última instancia, la satisfacción plena le vendría únicamente cuando pudiese ver a Dios y ser en santidad como Él.

En tanto que cristianos, nuestra mayor satisfacción se producirá cuando veamos a nuestro Dios y a su Hijo Jesucristo, y cuando estemos en su presencia en total rectitud. El cielo nos ofrecerá ese privilegio, el ser capaces de mirar sin limitaciones ni cargas su infinita gloria y belleza, lo que producirá en nosotros un gozo eterno e infinito. Ahora ya podemos empezar a entender a Pedro, quien, ¡con sólo vislumbrar un ápice de esa gloria ya quería acampar en monte de la transfiguración y quedarse allí para siempre! (Mt. 17:4).

En el siglo XVIII, la autora de himnos Fanny Crosby escribió el siguiente himno («Yo podré reconocerle»):

Cuando al fin termine aquí mi vida terrenal,
Y el río oscuro tenga que cruzar,
En la otra ribera al Salvador conoceré,
Su sonrisa bienvenida me dará. . . .

Por los bellos portales me conducirá Jesús;
No habrá pecado ni ningún dolor;
Gozaré con los suyos alabanzas entonar,
Mas primero quiero ver a mi Señor.

Estas palabras tienen un especial significado, ya que Fanny Crosby era ciega. Sabía que la primera persona a quien vería iba a ser Jesús.

En cierta manera, se puede decir que eso nos ocurrirá a todos nosotros. La visión de que gozamos en este mundo es prácticamente ceguera en comparación con la claridad de que disfrutaremos en el cielo (1 Co. 13:12). Deberíamos esperar ansiosamente ese día en que nuestra vista se aclarará gracias a la gloria de su presencia. Espero sinceramente que sea tu más profundo deseo.

CAPÍTULO
SEIS

EL EJÉRCITO CELESTIAL

Un estudio sobre el cielo no podría considerarse completo a menos que dedicase parte de su atención a los ángeles.

Como ya mencioné al comienzo del libro, los ángeles son un tema de moda en la actualidad. La «angelomanía» ha pasado a formar parte de la cultura popular y representa la tendencia más atractiva del movimiento de la nueva era. No hace mucho, cinco de los diez libros «religiosos» de mayor venta en Estados Unidos trataban sobre los ángeles.

Uno de esos libros que ha permanecido, y durante muchos meses, en la parte más alta de la lista de ventas es un tratado que enseña a la gente diversos métodos para contactar con los ángeles, para entrar en comunicación con ellos e, incluso, para recibir de ellos orientación.[1] Estos son los epígrafes de una conocida editorial secular: *Ángeles: cartas*; *Ángeles: su poder*; *Ángel Protector, un*; *Ángeles: salutaciones*; *Ángeles y extraterrestres*; *Ángeles sobre los hombros*; *Los ángeles también lloran*; *Los ángeles que hay en nuestro interior*; *Ángeles: misteriosos mensajeros* y *Ángeles: pregúntaselo a ellos*. ¡Y eso que sólo he mencionado los epígrafes de la letra «A»!

Entrar en comunicación con los ángeles es algo muy serio, según se afirma en ese tipo de libros. Citando literalmente los folletos promocionales del más famoso de dichos libros: «Los autores nos muestran cómo atraer el poder de los ángeles para volver a entrar en contacto con nuestros yos interiores perdidos y lograr nuestras metas, ya sean éstas tener una mejor relación con los demás, curarnos de alguna enfermedad o librarnos de algún tipo de adicción». Supuestamente, el libro enseñará al lector a «entrar en el campo energético de los ángeles y a hablar con ellos».

A continuación se incluye una lista de citas literales sacadas de los comentarios que varias editoriales hacen de sus libros angélicos más recientes:

- A través de las sencillas técnicas que se presentan en este libro podrá acceder y estar en sintonía con seres como ángeles de la guarda, espíritus y elementos de la naturaleza, espíritus totémicos, arcángeles y dioses y diosas; así como con familiares y amigos que ya hayan fallecido físicamente.
- Todos tenemos un Espíritu Guía o ángel guardián que nos ayuda a mantenernos en la senda del karma escogida. [Este cassette] le ayuda a estar en contacto con su espíritu.
- [Usted puede aprender a] entrar en contacto con su ángel guardián y a experimentar la influencia del mundo de los ángeles en la vida diaria. Aprenda a entrar en sintonía con las altas frecuencias del Espíritu, a ser más consciente de los ángeles y de los espíritus de la naturaleza y a comunicarse con estos seres de amor para poder desarrollar una mayor percepción del lugar que ocupa en la Creación.
- [El presente libro] nos permite comenzar a abrir el corazón a estos protectores llenos de gozo y consuelo y elevarnos así a una nueva dimensión de la concienciación.
- Todos los títulos de esta magnífica colección enfatizan la colaboración entre los seres humanos y los ángeles para la creación de una vida e incluso una naturaleza nuevas. El lector disfrutará de una profunda y variada visión de estos pretéritos y esquivos espíritus que, tanto y durante tanto tiempo, nos han inspirado.
- Los autores le enseñan nueve ámbitos concretos en que su ángel personal le protege, cómo llamar a su ángel de la guarda y cómo lograr que su ángel responda su petición de ayuda en pequeños y grandes problemas. También podrá conocer mejor la jerarquía angélica ¡e incluso aprender el verdadero lenguaje del reino celestial!
- Nos enseña cómo crear conjuntamente con los ángeles y el reino celestial en la tierra. Contiene ejercicios concretos y métodos de meditación para ayudarle a comunicarse con los ángeles, esos seres que están esperando que les invite a entrar en su vida.
- La inspiración proveniente de ángeles y musas siempre está a nuestro alcance. Además de escribir y realizar ejercicios artísticos,

el lector explorará el reino de los ángeles a través de viajes guiados, se centrará en las mandalas, aprenderá a utilizar la fuerza de las estaciones, conocerá la influencia que los colores ejercen sobre los humanos y sabrá cómo utilizan los ángeles el lenguaje de la luz y los colores para comunicarse. En este volumen también se narra la historia de muchas personas que descubrieron su potencial creativo cuando empezaron a jugar con los ángeles.

- Le ofrece un completo método para atraer hacia el cuerpo la luz sanadora del alma, del ángel Solar y de los sanadores angélicos. Estos procedimientos de fácil comprensión, y que se llevan enseñando en talleres desde hace ochenta años, han ayudado a miles de personas a curar y renovar las células corporales. Los ángeles sanadores le ayudarán sin importar el tratamiento al que esté sometido en la actualidad. Se incluye también una tabla con preguntas sobre curaciones, colores e imágenes de gran utilidad para muchas enfermedades.
- Mediante la combinación del símbolo de su nacimiento y una vela de un color concreto podrá obtener la magia y la sabiduría que desea para esta vida a través de los ángeles. Este libro contiene numerosos secretos espirituales que guiarán al lector hacia el éxito y el poder.

Ni que decir tiene que la mayor parte de lo anterior no es más adivinación ocultista, brujería y misticismo al estilo de la nueva era. Todo lo que se dijo sobre «las visitas al cielo» en el capítulo primero se aplica a la perfección a estas tentativas de entrar en contacto con los seres angélicos.

Lo cierto es que no dudo de que algunas de las personas que dicen haberse comunicado con ángeles hayan establecido una relación con los seres angélicos; si bien no la que ellos perseguían. Las Escrituras nos advierten que Satanás y sus mensajeros se visten a menudo de ángeles de luz (2 Co. 11:13-15). O lo que es lo mismo, que los demonios se aprovechan de la avidez de las personas que buscan comunicarse con el mundo de los espíritus. La «angelomanía» se convierte, pues, en ocultismo puro y duro. Muchas personas han sido conducidas a situaciones graves de dominación por culpa de esas prácticas, por ello resulta vital advertir a los creyentes del peligro que entrañan.

Por desgracia, la respuesta evangélica a esta moda de los ángeles ha sido más bien débil. Ya existen libros angélicos «cristianos» que explican con gran entusiasmo «historias auténticas sobre los ángeles» y maravillosas vivencias de cristianos que han entablado conversación con los ángeles. Como siempre, los evangélicos no han hecho más que dejarse arrastrar por las modas pasajeras del mundo. Y, desgraciadamente, esta moda en cuestión supone un grave peligro.

Como se señala en 2 de Corintios 11:15, «no es extraño» que un demonio se haga pasar por uno de los ángeles de Dios. Por si fuera poco, y a pesar de la preponderancia de conmovedores relatos sobre intervenciones angélicas (ángeles que rescatan a misioneros de los caníbales e historias parecidas), no hay modo de comprobar si dichas historias son ciertas; sólo tenemos la certeza en el caso de las narraciones bíblicas. Eso no significa que no *hubiese* un ángel detrás tuyo que te protegió con su mano invisible cuando estabas a punto de caer escaleras abajo. Simplemente significa que no hay manera de estar seguro de si realmente fue un ángel quien lo hizo. Sabemos, *sin duda*, que es Dios quien a través de su providencia nos protege de los numerosos peligros. Utilizase o no utilizase Dios a los ángeles como instrumentos a través de los cuales ofrecernos su ayuda, lo que sí es cierto es que es *Él quien debe ser el objeto de nuestra alabanza y gratitud, y no los ángeles*.

Las Escrituras enseñan que los ángeles sirven a los santos (He. 1:14) y que *algunos* «sin saberlo, hospedaron ángeles» (He. 13:2). Y precisamente por ese motivo se nos insta a ser amables y ofrecer nuestra hospitalidad a los extraños. Pero del lenguaje utilizado por la Biblia se desprende que este tipo de fenómenos son infrecuentes; la expresión clave del versículo que nos ocupa es que lo hicieron *sin saberlo*. Según las Escrituras no es imposible ser el anfitrión de un ángel. Pero si ello llegase a ocurrir, con toda probabilidad ocurriría sin que lo supiésemos. La Biblia no nos invita en ningún caso a que tengamos fetiches para atraer a los ángeles o a que vayamos buscando pruebas de la intervención de los seres angélicos en la vida diaria.

Las historias que en la actualidad corren sobre los encuentros angélicos son imposibles de comprobar; puede que sean extraordinarias muestras de la providencia divina, pero eso no conlleva que narren intervenciones angélicas verdaderas. Toda esta obsesión por los ángeles resulta más que cuestionable y, sin duda, está causando, espiritualmente hablando, más mal que bien.

¿QUÉ DICEN LAS ESCRITURAS ACERCA DE LOS ÁNGELES?

En la revista *Moody* se publicó un excelente artículo (el artículo de portada) que criticaba la moda de los ángeles. Incluía una cita del profesor de teología Ed Glasscock en el que se afirmaba: «La Biblia no da, en realidad, explicaciones sobre los ángeles; sólo hace referencias puntuales a sus actividades».[2] Estoy de acuerdo. Si recogemos toda la información al respecto que aparece en la Biblia únicamente la verdad es que nos juntamos con más preguntas sin responder que respuestas concretas. Sabemos que los ángeles ministran a los hombres y que incluso intervienen de vez en cuando en los asuntos humanos, pero nada sabemos de *cómo* lo hacen. Además, se nos desaconseja indagar en las cuestiones espirituales más allá de lo revelado en las mismas Escrituras: «Las cosas secretas pertenecen a Jehová nuestro Dios; mas las revelaciones son para nosotros y para nuestros hijos para siempre» (Dt. 29:29).

A pesar de todo, la Biblia contiene bastante información sobre esas maravillosas criaturas que son los ángeles. Y si tenemos en cuenta que vamos a pasar la eternidad a su lado en el cielo, no está de más que en este estudio sobre la vida en el más allá se incluya un apartado dedicado a los ángeles y al papel que desempeñan.

Las Escrituras utilizan diferentes expresiones para referirse a los ángeles. Se les llama «hijos de los potentados» en Salmo 89:6, «hijos de Dios» (Job 1:6; 2:1; 38:7), *elohim* (Sal. 8:5; literalmente «un Dios» según la nota al margen de la BLA), «congregación de los santos» (Sal. 89:5), «estrellas del alba» (Job 38:7), «príncipes» (Dn. 10:13) y «principados y potestades» (Ef. 3:10).

Si estudias la Biblia detenidamente verás que los ángeles están en el tercer cielo, donde mora Dios. Allí le adoran de forma ininterrumpida. También los encontrarás en el segundo cielo, circulando por el universo, sirviendo a Dios de diversas maneras. Y también los verás en el primer cielo, a veces incluso interviniendo en cuestiones humanas.

Cómo fueron creados

Los ángeles son seres creados, no semidioses. No tienen atributos divinos como puedan ser la omnisciencia y la omnipresencia. No han existido desde siempre. Son criaturas. Nehemías 9:6 dice lo siguiente: «Tú sólo eres Jehová; tú hiciste los cielos, y los cielos de los cielos, *con todo su ejército*, la tierra y todo lo que está en ella, los mares y todo lo que hay en ellos; y tú vivificas todas estas cosas, y *los ejércitos de los cielos te adoran*» (cursivas añadidas). Este texto indica claramente que Dios creó a los ángeles. También deja entrever que los ángeles (como todas las demás criaturas inteligentes) fueron creados para que rindieran alabanza a Dios, y no para recibirla ellos mismos. De hecho, las Escrituras muestran cómo han impedido siempre los ángeles que se les adore, sea de la forma que sea, y cómo han dirigido esa adoración hacia Dios (cp. Ap. 19:10; 22:8-9).

El Salmo 148 nos confirma lo que acabamos de ver: que los ángeles fueron creados para que adorasen al creador:

> *Alabadle, vosotros todos sus ángeles; alabadle, vosotros todos sus ejércitos. Alabadle, sol y luna; alabadle, vosotras todas, lucientes estrellas. Alabadle, cielos de los cielos, y las aguas que están sobre los cielos. Alaben el nombre de Jehová;* porque él mandó, y fueron creados.
>
> —*vv. 2-5* énfasis añadido

Tanto Nehemías 9:6 («Tú sólo eres Jehová [en hebreo *yhwh*] tú hiciste los cielos ... con todo su ejército») como Salmo 148:5 («Jehová *[yhwh]* ... mandó, y fueron creados») reconocen a *Jehová* como el único que creó a los ángeles. Una de las pruebas irrefutables de la divinidad de Jesús es la aseveración bíblica de que *Él* es quien creó todas las cosas, entre ellas los ángeles. Colosenses 1:16 dice que «en él fueron creadas todas las cosas, las que hay en los cielos y las que hay en la tierra, visibles e invisibles; sean tronos, sean dominios, sean principados, sean potestades; todo fue creado por medio de él y por él». Pablo está defendiendo en este pasaje la idea de que Cristo es Dios frente a la teoría de algunos que decían que no era más que un ser creado (hasta la fecha, los testigos de Jehová predican que Cristo es un arcángel, el más alto de los seres creados). El apóstol contrarresta con mucho cuidado dicha suposición y declara que Cristo mismo es quien lo ha creado todo, *incluyendo* a los seres angélicos y todas las demás cosas que existen. Por lo tanto, Cristo es Jehová encarnado, no puede ser un simple ángel.

Pablo se refiere a menudo a los ángeles como «principados y potestades» que habitan y gobiernan en los lugares celestiales (Ef. 6:12). No se nos dan detalles sobre la jerarquía celeste, pero parece evidente que los ángeles están organizados en un orden de mando dispuesto por Dios. A lo largo de toda la Biblia se nos dice que forman un ejército inmenso. Y Cristo, en tanto que creador suyo, se sitúa muy por encima de ellos en autoridad. Él es el único que está a la diestra del Padre, «sobre todo principado y autoridad y poder y señorío, y sobre todo nombre que se nombra, no sólo en este siglo, sino también en el venidero» (Ef. 1:21). Una y otra vez la Biblia hace esta clara distinción entre Cristo, un ser eterno (Jn. 1:1), y los ángeles, que no son más que seres creados. Cristo «es antes de todas las cosas, y todas las cosas en él subsisten» (Col. 1:17).

Por otro lado, la doctrina que dice que los ángeles son seres creados concuerda a la perfección con 1 de Timoteo 6:15-16, donde se afirma que Jesucristo es «el bienaventurado y solo Soberano, Rey de reyes, y Señor de señores, *el único que tiene inmortalidad*».

Al parecer, los ángeles fueron creados al principio del proceso de creación de Dios. En Job capítulo 38 se nos describe cómo se fundó la tierra: «... cuando alababan todas las estrellas del alba, y se regocijaban todos los hijos de Dios» (v. 7). Así pues, los ángeles fueron testigos de la creación de nuestro planeta. Y si tenemos en cuenta que no pueden procrear, parece lógico pensar que fueron todos creados a la vez, en un acto creador en masa. Dios mandó y de manera inmediata empezaron a existir unas criaturas cuyo enorme número no se nos ha revelado, cada una de ellas independiente y única; unos seres que no pueden tener hijos (por lo que no aumentan en número) y que no pueden, por otro lado, morir (por lo que su número tampoco puede disminuir).

¿Cuántos ángeles fueron creados? Las Escrituras no nos dan ninguna cifra concreta. Aun así, en el nacimiento de Cristo estuvieron presentes «una multitud de las huestes celestiales» (Lc. 2:13), y Jesús dijo al ser arrestado que, de desearlo, podría llamar, para que acudieran de forma inmediata, a *doce legiones* de ángeles; es decir, a un número de ángeles que oscilaría entre los 78.000 y los 144.000. Impresionante ¿verdad? Jesús tenía a su alcance 144.000 ángeles que acudirían a Él instantáneamente sólo con que se lo mandase. Sin embargo, no hay razón para pensar que esas «doce legiones» representen la totalidad de los ángeles. Más bien sucede lo contrario, si tenemos en cuenta las pruebas que la Biblia nos aporta.

Las Escrituras comparan bastantes veces el enorme número de los ángeles al de las estrellas. Emplean los mismos términos para referirse al número de unos y otras. Hasta el punto de que la expresión «el ejército del cielo» hace alusión a veces a las estrellas (cp. Dt. 17:3) y a veces a los ángeles (1 R. 22:19) o que la expresión «las estrellas del alba» se refiera a los ángeles en Job 38:7. No hay duda de que se utiliza este lenguaje para expresar su gloria y enormidad. Los científicos dicen que el universo está formado por muchos millones de millones de estrellas; ¿es posible que el número de seres angélicos sea tan elevado?

Sí. El apóstol Juan escribe lo siguiente en Apocalipsis 5:11: «Y miré, y oí la voz de muchos ángeles alrededor del trono, y de los seres vivientes, y de los ancianos; y su número era millones de millones». Si interpretamos esa cifra de manera literal, el cómputo total pasaría del billón; sin embargo, es probable que se trate de una forma de hablar del apóstol para dar a entender un número tan grande que no se podía calcular.

Eso es exactamente lo que indica Hebreos 12:22: «Os habéis acercado al monte de Sion, a la ciudad del Dios vivo, Jerusalén la celestial, a la compañía de *muchos millares* [o «*millares y millares*» según la versión NVI] *de ángeles*». Al igual que las estrellas del cielo o los granos de arena de la playa, la cifra total rebasa, simplemente, las posibilidades de un recuento. No me cabe la menor duda de que Dios conoce el número exacto; pero para nosotros es una cantidad tan alta que no alcanzamos a asimilarla.

La caída de los ángeles

Satanás y sus demonios son ángeles caídos. Toda la información que sobre la caída Satanás obtenemos a través de la Biblia nos viene dada de una manera sutil. En ciertos textos da la impresión de que Satanás sea el destinatario final de algunos mensajes dirigidos a gobernantes de la tierra; unos reyes tan malignos que nos hacen llegar a la conclusión de que Satanás habitaba en ellos. Un ejemplo de este hecho son las palabras que el profeta Isaías (14:12-15) dirige al rey de Babilonia, palabras que en realidad se refieren a Satanás, puesto que le llama «Lucero» (literalmente «estrella de la mañana»):

> *¡Cómo caíste del cielo, oh Lucero, hijo de la mañana! Cortado fuiste por tierra, tú que debilitabas a las naciones. Tú que decías en tu corazón: Subiré al cielo; en lo alto, junto a las estrellas de Dios, levantaré mi trono, y en el monte del testimonio me sentaré, a los lados del norte; sobre las alturas de las nubes subiré, y seré semejante al Altísimo. Mas tú derribado eres hasta el Seol, a los lados del abismo.*

Resulta evidente que Satanás pretendía usurpar el trono mismo de Dios y que por ello fue expulsado del cielo.

El capítulo 28 de Ezequiel contiene un mensaje al rey de Tiro que va claramente más allá del gobernante y se refiere a Satanás, quien a buen seguro moraba en su interior. Llegamos a esta conclusión porque en el texto se alude al engaño de Eva en el huerto del Edén.

> *Así ha dicho Jehová el Señor: Tú eras el sello de la perfección, lleno de sabiduría, y acabado de hermosura. En Edén, en el huerto de Dios estuviste; de toda piedra preciosa era tu vestidura; de cornalina, topacio, jaspe, crisólito, berilo y ónice; de zafiro, carbunclo, esmeralda y oro; los primores de tus tamboriles y flautas estuvieron preparados para ti en el día de tu creación. Tú, querubín grande, protector, yo te puse en el santo monte de Dios, allí estuviste; en medio de las piedras de fuego te paseabas. Perfecto eras en todos tus caminos desde el día que fuiste creado, hasta que se halló en ti maldad. A causa de la multitud de tus contrataciones fuiste lleno de iniquidad, y pecaste; por lo que yo te eché del monte de Dios, y te arrojé de entre las piedras del fuego, oh querubín protector.*
>
> —*vv. 12-16*

Tras su caída, Lucifer arrastró consigo a una tercera parte de los ángeles (Ap. 12:3-4). Estos ángeles caídos no son más que seres demoníacos, algunos de los cuales siguen causándonos problemas aún hoy día y seguirán haciéndolo hasta que sean destruidos por la mano de Dios, a causa de su juicio (Ap. 20:10).

¿Qué aspecto tienen los ángeles?

Los ángeles son personas; es decir, son seres con todas las características de la personalidad: inteligencia, sentimientos y voluntad propia.

En la porción del capítulo 28 de Ezequiel en la que se describe la caída del «querubín grande, protector», Dios dice (refiriéndose a él): «Eras el sello de la perfección, lleno de sabiduría, y acabado de hermosura» (v. 12). No es muy difícil ver que aquel arcángel que cayó y se convirtió después en Satanás era las más inteligente de las criaturas formadas por Dios.

Las Escrituras presentan casi siempre a los ángeles como criaturas de una gran inteligencia. En Mateo 28:5, al encontrarse las dos marías el sepulcro de Jesús vacío en aquella mañana de resurrección, «el ángel, respondiendo, dijo a las mujeres: No temáis vosotras; porque *yo sé* que buscáis a Jesús, el que fue crucificado» (cursivas añadidas). Así pues, los ángeles pueden mantener conversaciones, tienen conocimiento de las cosas y, por supuesto, utilizan su intelecto.

A pesar de todo, los ángeles no poseen la omnisciencia. En 1 de Pedro 1:12 podemos leer que el evangelio encierra verdades que «anhelan mirar los ángeles». Así que hay cosas que los ángeles no pueden llegar a comprender; no obstante, poseen la inteligencia suficiente para desear tener más datos.

Los ángeles también expresan sus sentimientos. Recordemos, por ejemplo, cómo cantaron juntos durante la creación (Job 38:7). Lucas 15:10, por otro lado, dice que «hay gozo delante de los ángeles de Dios por un pecador que se arrepiente». Soy de la opinión de que este versículo se refiere al gozo que *Dios* experimenta cuando se salva uno de sus elegidos, pero, aun así, creo también que los ángeles comparten, en cierto sentido, ese regocijo. La parábola que Jesús explica y de la que hemos sacado ese versículo se refiere a una mujer que había perdido una moneda. La mujer de la historia barre la casa, se hace con una vela y registra la casa de arriba abajo hasta que la encuentra. Después «reúne a sus amigas y vecinas, diciendo: Gozaos conmigo, porque he encontrado la dracma que había perdido» (v. 9). Y el versículo 10 dice entonces que «*así*» se regocijan Dios y los ángeles cuando se salva un pecador, dando a entender que Dios se regocija en presencia de los ángeles para que éstos compartan su gozo. Todos los datos apuntan que los ángeles son capaces de expresar y tener sentimientos.

A mi juicio, es imposible adorar verdaderamente sin que intervengan los sentimientos. Por supuesto, los sentimientos totalmente obcecados y ciegos no tienen por qué conllevar adoración. La verdadera adoración se da «en espíritu y en verdad»; esta es la adoración que Dios quiere de nosotros, y no es posible adorar así si los sentimientos no son auténticos. La adoración más pura implica regocijarse en la verdad (cp. 1 Co. 13:6), y el que los ángeles se nos presenten a menudo alrededor del trono de Dios, en adoración, implica que poseen sentimientos. Echémosle una mirada a la descripción de Isaías sobre la adoración que tiene lugar alrededor del trono de Dios:

> *Vi yo al Señor sentado sobre un trono alto y sublime, y sus faldas llenaban el templo. Por encima de él había serafines; cada uno tenía seis alas; con dos cubrían sus rostros, con dos cubrían sus pies, y con dos*

volaban. Y el uno al otro daba voces, diciendo: Santo, santo, santo, Jehová de los ejércitos; toda la tierra está llena de su gloria.

—*Isaías 6:1-3*

La descripción que Isaías nos da de estas majestuosas criaturas deja bien claro que no se trata de simples máquinas o de animales, sino de unos seres muy inteligentes y capaces de sentir la adoración a su nivel más alto, en toda su profundidad.

También descarta la posibilidad de que no tengan voluntad propia. El pecado de Lucifer fue el orgullo voluntario, ya que dijo en su corazón: «*Subiré* al cielo; en lo alto, junto a las estrellas de Dios, *levantaré* mi trono, y en el monte del testimonio me *sentaré*, a los lados del norte; sobre las alturas de las nubes *subiré*, y *seré* semejante al Altísimo» (Is. 14:13-14; cursivas añadidas).

Dios mismo se refiere a la voluntad propia de los ángeles. En Hebreos 1:6 se nos muestra cómo el Padre exhorta a los ángeles en el momento del nacimiento de su Hijo: «Adórenle todos los ángeles de Dios». Y, obviamente, para poder obedecer un mandamiento hay que tener voluntad propia.

Los ángeles no sólo tienen todas los atributos propios de seres con personalidad, sino que también son criaturas majestuosas, de una grandeza y una autoridad un poco más altas que las de los hombres. Cuando Cristo se hizo hombre, las Escrituras dicen que se hizo «un poco menor que los ángeles» (He. 2:7). Así que los ángeles tienen un rango ligeramente superior al nuestro, al menos de momento. Pero llegará el día en que la humanidad redimida juzgará a los ángeles, lo que posiblemente implique que vayamos a reinar sobre ellos en el cielo. El apóstol Pablo escribió: «¿O no sabéis que hemos de juzgar a los ángeles? ¿Cuánto más las cosas de esta vida?» (1 Co. 6:3). Jesús les prometió a las iglesias del Asia Menor que «al que venciere, le daré que se siente conmigo en mi trono, así como yo he vencido, y me he sentado con mi Padre en su trono» (Ap. 3:21). Compartir el trono de Cristo puede que conlleve también ejercer dominio sobre los ángeles; lo cual, de ser cierto, nos elevará una posición extraordinaria.

¿QUÉ HACEN LOS ÁNGELES?

La vida y el mundo de los ángeles son tan comprometidos, activos y complicados como lo puedan ser los nuestros. Aunque viven en otra dimensión, nuestros mundos se entrecruzan a menudo, y una parte de la tarea de los ángeles, como mínimo, se desarrolla en el mundo humano. Hebreos 1:14 llama a los ángeles «espíritus ministradores, enviados para servicio a favor de los que serán herederos de la salvación».

Martín Lutero creía que los ángeles eran criaturas espirituales sin cuerpo creadas por Dios para ayudar a los cristianos y a la iglesia. No se nos dice (o se nos niega) que esta sea la función *principal* de los ángeles, pero desde luego sí es *una* de sus ocupaciones. (El hecho de que los ángeles sean unas criaturas muy jerarquizadas puede sugerir que sus cometidos varíen en función de su categoría.)

En tanto que espíritus ministradores que sirven a los elegidos, los ángeles desempeñan, sin duda, un papel activo en los asuntos humanos, aunque en circunstancias normales no se les pueda ver. No cabe duda de que hacen muchas cosas a nuestro favor, pero la Biblia no nos exhorta en ningún lugar a que investiguemos al respecto. Nunca se nos anima a que intentemos descubrir de qué manera invisible trabajan los ángeles en nuestras vidas. Sólo se nos recuerda que seamos cristianos hospilarios, porque nunca podemos saber a ciencia cierta si nuestro invitado es o no un ángel. En Colosenses 2:18 se nos advierte a los creyentes para que no nos volvamos adoradores de ángeles y para que no basemos nuestras doctrinas en las visiones.

En Hebreos 1:14 se llama a los ángeles específicamente «espíritus», es decir, seres sin cuerpos físicos. No obstante, pueden aparecer en forma visible cuando Dios les permite manifestarse abiertamente. Y siempre que la Biblia describe esas apariciones se refiere a los ángeles como hombres, utilizando en todo momento los pronombres propios del género masculino. Por ejemplo, en Génesis, capítulos 18 y 19, se nos narra la visita de unos ángeles a Abraham y su posterior entrada en Sodoma la apariencia de los ángeles era totalmente humana, ya que se sentaron con Abraham, comieron con él, caminaron a su lado, y hablaron en su misma lengua (humana). Todos los rasgos de su aspecto físico eran, al parecer, humanos.

También hay otras ocasiones en que los ángeles se aparecen con forma humana, aunque en este caso con unos poderes extraordinarios y sobrenaturales. Por ejemplo, el ángel que se presentó en el sepulcro vacío de Jesús en Mateo 28:3 no tenía la apariencia de un hombre normal: «Su aspecto era como un relámpago, y su vestido blanco como la nieve».

Las apariciones bíblicas de los ángeles —en contra de la opinión popular— a menudo son traumáticas y causan gran pavor. Cuando se le apareció el ángel a María, ella, desde el momento en que el mensajero la saludó «se turbó por sus palabras, y pensaba qué salutación sería esta» (Lc. 1:29). En otro lugar, cuando se les apareció un ángel a los pastores que contemplaban el nacimiento de Jesús, éstos «tuvieron gran temor». Y cuando los guardianes romanos que vigilaban la tumba de Jesús se dieron cuenta de que tenían ante ellos un ángel «de miedo ... temblaron y se quedaron como muertos» (Mt. 28:4).

Siempre que los ángeles se aparecen a los personajes de las Escrituras están haciendo de mensajeros. De hecho, «mensajero» es el significado principal de la palabra griega *angelos*. De manera que los ángeles hacen las veces de un servicio de mensajería celeste; de ello tenemos algunas pruebas en la Biblia. Así se presentó a sí mismo el ángel que se apareció a la virgen María: «Yo soy Gabriel, que estoy delante de Dios; y he sido enviado a hablarte» (Lc. 1:19). En esta ocasión en particular, puede que por la gran importancia del mensaje transmitido, el enviado fue el arcángel de mayor rango, y vino directamente de la presencia misma de Dios.

Por último, como ya hemos visto, los ángeles también están ministrando continuamente alrededor del trono de Dios a través de la adoración. Y es que, en efecto, la adoración es una de las funciones más importantes de los ángeles (cp. Is. 6:3; Ap. 4:6-9; 5:9-12).

¿CUÁL SERÁ NUESTRA RELACIÓN CON LOS ÁNGELES EN EL CIELO?

Las Escrituras declaran que en el cielo nos uniremos en adoración a los ángeles, alrededor del trono de Dios. En Apocalipsis 4:4 se nos relata la primera escena captada por Juan en su visión del cielo: «Y alrededor del trono había veinticuatro tronos; y vi sentados en los tronos a veinticuatro ancianos, vestidos de ropas blancas, con coronas de oro en sus cabezas». Estos ancianos representan a la iglesia. El que estos tronos estén perpetuamente alrededor del trono indica que el pueblo redimido de Dios estará, junto con los ángeles, adorando continuamente a Dios.

Juan continúa con su descripción de las increíbles criaturas que adoran sin descanso a Dios alrededor del trono y añade, en el versículo 8: «No cesaban día y noche de decir: Santo, santo, santo es el Señor Dios Todopoderoso, el que era, el que es, y el que ha de venir». Sin cansarse nunca de su ministerio, estas cuatro criaturas le rinden a Dios el más puro y más perfecto tributo posible, a todas horas, exactamente igual que lo describió Isaías en su visión (cp. Is. 6:3):

> *Y siempre que aquellos seres vivientes dan gloria y honra y acción de gracias al que está sentado en el trono, al que vive por los siglos de los siglos, los veinticuatro ancianos se postran delante del que está sentado en el trono, y adoran al que vive por los siglos de los siglos, y echan sus coronas delante del trono, diciendo: Señor, digno eres de recibir la gloria y la honra y el poder; porque tú creaste todas las cosas, y por tu voluntad existen y fueron creadas.*
>
> —*Apocalipsis 4:9-11*

Apocalipsis 5:8-12 nos ofrece una escena parecida, aunque con un número incontable de voces cantando a coro la dignidad de Dios y del Cordero.

No es otra cosa que la canción del cielo. Y yo me muero de ganas de escucharla; me muero de ganas por cantarla con mi voz glorificada, por ser un miembro de ese enorme coro de redimidos al que se unirá todo el ejército de los cielos.

Cuando escuchemos ese sonido, y de manera instantánea, los problemas de la tierra dejarán de tener la más mínima importancia. Todos nuestros sufrimientos se habrán acabado y todas nuestras lágrimas habrán sido enjugadas; ya no habrá nada que no sea la más absoluta felicidad del cielo y el perfecto goce de Dios. Para siempre.

UNAS ÚLTIMAS PALABRAS AL LECTOR

Hemos llegado al final de este breve estudio sobre el cielo y quienes moran el él. Todo lo que haya sido capaz de transmitir sobre la gloria del cielo en sus páginas utilizando simples palabras no es más que una ligerísima sombra de la gloria que nos espera en el cielo cuando lo veamos en su totalidad y espectacularidad. Sin embargo, espero que tu corazón esté tan conmovido como el mío ante la inmaculada gracia de Dios, que quiso manifestar su bondad a unas criaturas que no la merecían, a ti y a mí (que hemos pecado una y otra vez en contra suya), y quiso llevarnos a su propia morada para que vivamos allí para siempre. Pensar que nos permite participar de la gloria del cielo representa un milagro demasiado grande para que la mente humana lo llegue a asimilar. Tanta gracia y tanta misericordia son imposibles de empezar siquiera a escudriñar. Tan sólo en la eternidad del cielo seremos capaces de expresar con nuestras bocas la adoración y la acción de gracias de que Dios es digno; cuando estemos allí serán precisamente el tema de nuestras canciones durante toda la eternidad, y su gloria y fascinación nunca se podrán agotar.

Si este estudio ha despertado en tu interior el deseo de participar en la gloria y la bendición del cielo mi propósito al escribirlo se habrá cumplido.

Es mi oración, querido lector, que pongas la vista más allá de las realidades pasajeras de este mundo y que entreveas, por una rendija, *la gloria del cielo.* Y cuando hayas atisbado ese rayo de la gloria del cielo serás como el hombre que encontró un tesoro en un campo y vendió todas lo que poseía en este mundo para conseguirlo (Mt. 13:44). Si nunca has depositado tu confianza en Jesús para que te salve, apresúrate ahora y vé a Él en busca de perdón y limpieza, recibe las vestiduras blancas de su justicia.

Todo lo glorioso, todo lo noble, todo lo bendito te espera en el cielo. Espero que ese sea tu norte, y que el anhelo de tu corazón sea reunirte con Cristo.

Puede que el ir al cielo esté más cerca de lo que piensas. Como escribió el apóstol Pablo:

> *Conociendo el tiempo, que es ya hora de levantarnos del sueño; porque ahora está más cerca de nosotros nuestra salvación que cuando creímos. La noche está avanzada, y se acerca el día. Desechemos, pues, las obras de las tinieblas, y vistámonos las armas de la luz. Andemos como de día, honestamente; no en glotonerías y borracheras, no en lujurias y lascivias, no en contiendas y envidia, sino vestíos del Señor Jesucristo, y no proveáis para los deseos de la carne.*
>
> —*Romanos 13:11-14*

NOTAS

Capítulo 1 ***La moda actual por el cielo***

1. Kubler-Ross, Elisabeth: *On Death and Dying*. Simon & Schuster, Nueva York, 1970.
2. Moody, Raymond A: *Life after Life*. Mockingbird, Nueva York, 1975 y Bantam, 1976. *Reflections on Life after Life*. Mockingbird, Nueva York, 1977. *The Light Beyond*. Bantam, Nueva York, 1989. *Coming Back: A Psychiatrist Explores Past-Life Journeys*. Bantam, Nueva York, 1990. *Reunions: Visionary Encounters with Departed Loved Ones*. Nueva York, Villard, 1993.
3. «The conversion of Kubler-Ross: From thanatology to seances and sex», en: *Time*, 12/11/79, 81.
4. «Bulletins from Beyond», vol. 1, nº 1, sept. 1994, http://www.linknet.it/Spirit/bulletin-beyond-sep-94.htlm.
5. Eadie J., Betty: *Embraced by the Light*. Bantam, Nueva York, 1992, 29.
6. Ibid, 31.
7. Ibid, 31-32.
8. Ibid, 40.
9. Ibid, 42.
10. Ibid, 44.
11. Ibid, 45.
12. Ibid, 45-46.
13. Ibid.
14. Ibid, 85
15. The Ogden: Utah *Standard-Examiner* (6/3/1993). Citado por: «News Watch», en: *The Christian Research Journal* (31/8/1994).
16. Groothuis, Doug: *Deceived by the Light*. Harvest House, Eugene, 1995, 22.
17. *The Christian Research Journal*.
18. Eadie, 47.
19. Ibid, 43.
20. Ibid, 47.
21. Ibid, cursivas añadidas.
22. Ibid, 61.
23. 2 Nefi 2:25.

24. Eadie, 109.
25. No hace mucho, algunos enfervorizados mormones enfurecieron a la comunidad judía al tomar las listas de víctimas del Holocausto que se habían publicado y bautizarse en lugar de los muertos «por poderes». *The Los Angeles Times* 6/5/1995, pág. 1.
26. 26 Eadie, 85.
27. Ibid, 85.
28. Ibid, 57-58.
29. Ibid, 63.
30. Ibid, 64.
31. Ibid, 58.
32. Ibid, 67.
33. Programa de la cadena de televisión ABC-TV, 13/5/1994.
34. Groothuis, 26-27.
35. Ibid, 50.
36. Ibid, 48-49.
37. Ibid, 81.
38. Ibid, 41.
39. Ibid, 51.
40. Groothuis, 28.
41. Eadie, 50.
42. Ibid, 49-50.
43. Ibid, 70.
44. Ibid, 112.
45. Ibid.
46. Ibid, 113.
47. El término en inglés, aún sin traducción definida en español, es *biofeedback*; se trata de un proceso por el cual se llegan a controlar las funciones mentales y corporales de uno mismo a través de la representación en forma de gráfico o sonido de dichas funciones. (Nota del T.)
48. Ibid, 34, 45.
49. Ibid, 48.
50. Ibid, 48-49.
51. Ibid, 94.
52. Ibid, 115-116.
53. Ibid, 59.
54. Ibid.
55. Ibid, 114.
56. Ibid.
57. Ibid, 115.
58. Ibid, 90, 103.
59. Ibid, 115, 121.
60. Ibid, 101.
61. Ibid, 95.
62. Ibid, 84.
63. «A conversation with Dannion Brinkley», en: *The Monthly Aspectarian*, sept. 1995. Edición on-line: http://www.lightworks.com/Monthly/Aspectarian/1995/September/08-LW995.HTM
64. Ibid.
65. Ibid.
66. Eadie, 119; cursivas añadidas.
67. Ibid, 41.

Capítulo 2 ***Ni la más remota idea sobre el cielo***

1. Eby, Richard: *Caught Up into Paradise*. Fleming H. Revell, Old Tappan, s. f.
2. Ibid, 228-29.
3. Ibid, 230.
4. Liardon, Roberts: *I Saw Heaven*. Harrison House, Tulsa, 1983, 6.
5. Ibid, 19.
6. Ibid, 16-22.
7. Ibid, 26.
8. Eareckson Tada, Joni: *Heaven*. Zondervan, Grand Rapids, 1995, 53-55.
9. Baxter, Richard: *The Saint's Everlasting Rest*, abreviado por John T. Wilkinson. Epworth, Londres, 1962, 110.
10. Ibid, 118.
11. Ibid, 121.

Capítulo 3 ***Así será el cielo***

1. Smith, Wilbur: *Doctrine of Heaven*. Moody, Chicago, 1968, 155.

Capítulo 4 ***La nueva Jerusalén***

1. Aunque en español se ha traducido por «al lado», en inglés se emplea la misma palabra «seno» (*bosom*) en este versículo. (Nota del T.)
2. Dillow, Joseph: *The Reign of the Servant Kings*. Schoettle, Miami Springs, 1992, 347.
3. Ibid, 481.
4. Véase MacArthur, John: *Faith Works*. Word, Dallas, 1992, 175-92.
5. Dillow, 348.
6. Ibid, 48-49.
7. Aunque Mateo 8:12 dice: «*Los hijos del reino* serán echados a las tinieblas de afuera; allí será el lloro y el crujir de dientes» (cursivas añadidas), la expresión «los hijos del reino» no se refiere a los cristianos, sino a los incrédulos israelitas. La relación con el cielo sólo les viene a éstos por vía de la descendencia física: es decir, por lazos terrenales que no son suficientes para hacerlos espiritualmente aceptos para el reino celestial. Por eso les recuerda Jesús con ternura que si no se arrepienten serán juzgados junto con el resto de incrédulos del mundo.
8. Seiss, J. A: *The Apocalypse: Exposition of the Book of Revelation*. Kregel, Grand Rapids, reimp. 1987, 499.

Capítulo 5 ***Cómo vamos a ser en el cielo***

1. Lewis, C. S: *Letters to Malcom*. Harcourt Brace, San Diego, s. p.
2. Hodge, A. A: *Evangelical Theology*. Banner of Thruth, Carlisle, 1976, 400.

Capítulo 6 ***El ejército celestial***

1. Alma, D., Wyllie, T. y Ramer, A: *Ask Your Angels*. Ballantine, Nueva York, 1992.
2. Deckard, B: «Angels Have We Heard?», en: *Moody*, abril de 1995, 46.

ÍNDICE DE ASUNTOS Y NOMBRES PROPIOS

¿Estoy realmente salvo? ¿Me voy al cielo? ¿Cómo puedo estar seguro?

Todos los creyentes han luchado con estas preguntas en algún momento de su vida. *Salvos sin lugar a dudas* trata este tema difícil, examinando las Escrituras para descubrir la verdad sobre la salvación, y a la vez analizando cuestiones difíciles que pueden obstaculizar nuestra fe. Los lectores podrán desarrollar una teología de la salvación basada en la Biblia, y ser alentados a descansar de forma segura en su relación personal con Cristo.

EDITORIAL
PORTAVOZ

NUESTRA VISIÓN

Maximizar el efecto de recursos cristianos de calidad que transforman vidas.

NUESTRA MISIÓN

Desarrollar y distribuir productos de calidad —con integridad y excelencia—, desde una perspectiva bíblica y confiable, que animen a las personas a conocer y servir a Jesucristo.

NUESTROS VALORES

Nuestros valores se encuentran fundamentados en la Biblia, fuente de toda verdad para hoy y para siempre. Nosotros ponemos en práctica estas verdades bíblicas como fundamento para las decisiones, normas y productos de nuestra compañía.

Valoramos la excelencia y la calidad
Valoramos la integridad y la confianza
Valoramos el mérito y la dignidad de los individuos y las relaciones
Valoramos el servicio
Valoramos la administración de los recursos